SOBRE A QUESTÃO JUDAICA

Karl Marx

SOBRE A QUESTÃO JUDAICA

Inclui as cartas de Marx a Ruge publicadas nos *Anais Franco-Alemães*

Apresentação e posfácio
Daniel Bensaïd

Tradução de Karl Marx
Nélio Schneider

Tradução de Daniel Bensaïd
Wanda Caldeira Brant

Copyright da tradução © Boitempo Editorial, 2010

Tradução do original alemão "Zur Judenfrage", em Karl Marx e Friedrich Engels, *Werke* (Berlim, Karl Dietz, 1976, v. 1), p. 347-77

Posfácio de Daniel Bensaïd: tradução do francês "'Dans et par l'histoire.' Retours sur la *Question juive*", em Karl Marx, *Sur la question juive* (Paris, La Fabrique, 2006), p. 74-135

Coordenação editorial	*Ivana Jinkings*
Editora-assistente	*Bibiana Leme*
Assistência editorial	*Elisa Andrade Buzzo e Gustavo Assano*
Tradução	*Nélio Schneider* (Karl Marx) e *Wanda Caldeira Brant* (Daniel Bensaïd)
Preparação	*Edison Urbano*
Revisão	*Frederico Ventura e Vivian Miwa Matsushita*
Diagramação	*Silvana Panzoldo*
Capa	*Antonio Kehl* sobre desenho de Loredano
Ilustração da página 2	*Marx sendo preso em Bruxelas* (N. Khukov, década de 1930)
Coordenação de produção	*Juliana Brandt*
Assistência de produção	*Livia Viganó*

CIP-BRASIL. CATALOGAÇÃO NA FONTE
SINDICATO NACIONAL DOS EDITORES DE LIVROS, RJ

M355s
Marx, Karl, 1818-1883
    Sobre a questão judaica / Karl Marx ; apresentação [e posfácio] Daniel Bensaïd; tradução Nélio Schneider, [tradução de Daniel Bensaïd, Wanda Caldeira Brant]. - São Paulo : Boitempo, 2010.
    (Coleção Marx-Engels)
    Tradução de: Zur Judenfrage
    Cronologia
    ISBN 978-85-7559-144-4
    1. Bauer, Bruno, 1809-1882. 2. Judeus - História - 1789-1945. I. Bensaïd, Daniel, 1946-. II. Título. III. Série.

10-0627.   CDD: 335.4
                                                                           CDU: 330.85

É vedada a reprodução de qualquer parte
deste livro sem a expressa autorização da editora.

1ª edição: abril de 2010; 7ª reimpressão: fevereiro de 2025

BOITEMPO
Jinkings Editores Associados Ltda.
Rua Pereira Leite, 373
05442-000 São Paulo SP
Tel.: (11) 3875-7250 / 3872-6869
editor@boitempoeditorial.com.br | boitempoeditorial.com.br
blogdaboitempo.com.br | youtube.com/tvboitempo

SUMÁRIO

NOTA DA EDITORA 7

APRESENTAÇÃO, Daniel Bensaïd
Zur Judenfrage, uma crítica da emancipação política 9
    Os *Anais Franco-Alemães* ou a guinada parisiense de Marx 25

SOBRE A QUESTÃO JUDAICA
I. Bruno Bauer, *Die Judenfrage* [A questão judaica] 33
II. Bruno Bauer, "Die Fähigkeit der heutigen Juden und Christen, frei zu werden"
[A capacidade dos atuais judeus e cristãos de se tornarem livres] 54

CARTAS DOS *ANAIS FRANCO-ALEMÃES* (de Marx a Ruge) 61

POSFÁCIO, Daniel Bensaïd 75
"Na e pela história." Reflexões acerca de *Sobre a questão judaica* 75
    Três críticas de *Sobre a questão judaica* 75
    A emancipação e "a verdadeira democracia" 86
    O homem do dinheiro? 93
    A questão em suspenso 99
    A concepção materialista da questão 104
    Desassimilação e narcisismo comunitário 114
    Os novos teólogos 116

CRONOLOGIA RESUMIDA 121

ÍNDICE ONOMÁSTICO 137

NOTA DA EDITORA

Sobre a questão judaica – escrito por Marx em 1843 e publicado no número único e duplo dos *Deutsch-Französische Jahrbücher* [Anais Franco-Alemães], em fevereiro de 1884 – é o oitavo volume das obras de Karl Marx e Friedrich Engels lançado pela Boitempo. A coleção teve início com a edição comemorativa dos 150 anos do *Manifesto Comunista*, em 1998, contendo uma introdução de Osvaldo Coggiola e textos de especialistas – como Antonio Labriola, Jean Jaurés, Harold Laski – a respeito de suas múltiplas facetas. Em seguida publicamos *A sagrada família* – traduzida por Marcelo Backes, em 2003 –, obra polêmica que assinala o rompimento definitivo de Marx e Engels com a esquerda hegeliana. Os *Manuscritos econômico-filosóficos* (ou *Manuscritos de Paris*) vieram na sequência, traduzidos por Jesus Ranieri, aos quais se seguiram os lançamentos de *Crítica da filosofia do direito de Hegel*, traduzida por Rubens Enderle e Leonardo de Deus; *Sobre o suicídio*, traduzido por Rubens Enderle e Francisco Fontanella, com ensaio de Michael Löwy intitulado "Um Marx insólito"; *A ideologia alemã* (completa), traduzida por Rubens Enderle, Nélio Schneider, Luciano Martorano, com supervisão de Leandro Konder e apresentação de Emir Sader; e, por último, *A situação da classe trabalhadora na Inglaterra*, de Engels, traduzida por B. A. Schumann e supervisionada por José Paulo Netto, autor também do prefácio à obra. Para completar, as capas de cada um dos títulos desta série trazem ilustração inédita do genial Cássio Loredano.

Esta edição foi preparada a partir do original alemão "Zur Judenfrage", em Karl Marx e Friedrich Engels, *Werke* (Berlim, Karl Dietz, 1976, v. 1), p. 347-77. As cartas enviadas por Marx a Arnold Ruge em 1843, também integrantes dos *Anais Franco-Alemães*, foram vertidas do mesmo original (p. 337-46). A tradução de Nélio Schneider mantém a forma gráfica do texto alemão, ou seja, a pontuação, os itálicos e destaques são rigorosamente respeitados. No que diz

Nota da editora

respeito ao uso de aspas em títulos de livros e ao uso de itálico para destacar autores, obras ou palavras específicas, seguimos o original de Marx – ainda que por vezes isso fira as normas editoriais da Boitempo –, na medida em que o uso do itálico tem, para ele, muitas vezes a função de chamar a atenção para aquilo que está dizendo, citando ou referindo; e esse destaque ficaria enfraquecido se assinalássemos também as obras que o autor não pretende – por alguma razão – destacar.

A apresentação de Daniel Bensaïd – filósofo e militante político francês falecido em janeiro de 2010, quando finalizávamos esta edição – foi adaptada e atualizada, pelo autor, do texto publicado em *Sur la question juive* (Paris, La Fabrique, 2006), de onde também traduzimos o ensaio "'Na e pela história.' Reflexões acerca de *Sobre a questão judaica*". Os textos de Bensaïd, traduzidos do francês por Wanda Caldeira Brant, contextualizam os escritos de Marx – para quem a "questão judaica" é pretexto para explorar os limites da emancipação política – e retomam antigas polêmicas, como a do suposto antissemitismo do filósofo alemão.

As notas de rodapé dos textos de Marx, numeradas, diferenciam-se quando são da edição brasileira (N. E. B.), da edição alemã (N. E. A.), da edição inglesa (N. E. I.) ou da tradução (N. T.). Nos ensaios de Bensaïd, as notas numeradas são do autor; as da tradução brasileira aparecem assinaladas com asterisco. Para destacar as inserções do tradutor ou da editora nos textos originais fizemos uso de colchetes. Esse recurso foi utilizado também quando nos pareceu necessário esclarecer passagens, traduzir termos escritos pelo autor em outras línguas, que não o alemão, ou ainda ressaltar expressões no original cujo significado poderia suscitar interpretação divergente. Quando, nas citações em recuo, Marx adotou transcrições em outras línguas, mantivemos dessa forma no corpo do texto e inserimos a tradução no rodapé. Nas citações bibliográficas, sempre que foi possível acrescentamos referências de edições brasileiras ou em português.

Nossa publicação vem ainda acompanhada de um índice onomástico das personagens citadas nos textos de Marx e de uma cronobiografia resumida de Marx e Engels – que contém aspectos fundamentais da vida pessoal, da militância política e da obra teórica de ambos –, com informações úteis ao leitor, iniciado ou não na obra marxiana.

Ivana Jinkings
abril de 2010

APRESENTAÇÃO

Zur Judenfrage, uma crítica da emancipação política

> Agradeço muitíssimo a Stathis Kouvélakis e a Jacques Aron por seus trabalhos que possibilitaram esta edição crítica de *Zur Judenfrage*, assim como a Elfried Müller por sua leitura atenta.
>
> *Daniel Bensaïd*

Publicado em Paris, na primavera de 1844, no único número dos *Anais Franco-Alemães*, o artigo "Zur Judenfrage" [Sobre a questão judaica], de Marx, marca um momento crucial de sua mudança intelectual e política.

Em 1842 surge, em Colônia, a *Rheinische Zeitung* [Gazeta Renana]. Nela, Karl Marx publica seus primeiros artigos contestatórios sobre a liberdade de imprensa. Em outubro, torna-se seu redator-chefe, e o número de assinaturas passa rapidamente de mil para 3 mil. Essa atividade põe o jovem Marx diante de problemas econômicos e sociais, tais como a questão do furto de madeira e a situação dos camponeses de Moselle. As esperanças de liberalização suscitadas pela ascensão de Frederico Guilherme IV ao trono da Prússia, em 1840, foram logo frustradas com a adoção das leis de 1841 sobre a censura. Proibida em janeiro, a *Gazeta Renana* deixa de ser publicada no dia 17 de março de 1843. O último número inclui uma nota de demissão de Marx, impressa em vermelho como forma de protesto.

Pensando em exilar-se, quando a proibição foi anunciada, escreveu a Arnold Ruge:

> É lamentável testemunhar trabalhos servis, mesmo que em nome da liberdade, e lutar com alfinetadas e não com cacetadas. Estou cansado de hipocrisia, de estupidez, de autoridade brutal. Estou cansado de nossa docilidade, de nossa obsequiosidade, de nossos recuos, de nossas querelas por meio de palavras. Nada posso fazer na Alemanha. Aqui, falsifica-se a si mesmo.[1]

Casou-se com Jenny de Westphalen, em Kreuznach, no dia 19 de junho de 1843. Durante o verão, redigiu o chamado "Manuscrito de Kreuznach",

---

[1] Karl Marx, Carta a Arnold Ruge, 25 jan. 1843, em *Correspondance* (Paris, Éditions Sociales, 1978, tome I), p. 280.

Apresentação

ou *Crítica da filosofia do direito de Hegel*. Nesse texto, ajusta contas com a filosofia do direito de Hegel e reflete sobre a incapacidade deste de resolver a questão da relação da sociedade civil burguesa com o Estado.

O ano de 1843 é de uma crise "em torno da qual gira a trajetória marxiana"[2]. Uma série de textos marca essa passagem do jovem Marx do liberalismo renano e do humanismo antropológico para a luta de classes e a revolução permanente: *Crítica da filosofia do direito de Hegel*[3], *Sobre a questão judaica*, "Crítica da filosofia do direito de Hegel – Introdução"[*], as cartas a Ruge e, depois, *Manuscritos econômico-filosóficos*[**], *A sagrada família*[***], escrito com Engels, com quem se reencontrou em Paris no verão de 1844.

Três cartas a Arnold Ruge, editor dos *Anais Alemães* (também proibidos pela censura), com quem ele planeja a edição de uma revista franco-alemã, revelam seu estado de espírito e sua evolução rápida durante o ano crucial de 1843:

> A nossa parte nisso tudo é trazer o velho mundo inteiramente à luz do dia e dar uma conformação positiva ao novo mundo. Quanto mais os eventos derem tempo à humanidade pensante para se concentrar e à humanidade sofredora para juntar forças, tanto mais bem-formado chegará ao mundo o produto que o presente carrega no seu ventre.[4]

Consequentemente,

> a vantagem da nova tendência é justamente a de que não queremos antecipar dogmaticamente o mundo, mas encontrar o novo mundo a partir da crítica ao antigo. [...] A filosofia se tornou mundana e a prova cabal disso é que a própria consciência filosófica foi arrastada para dentro da agonia da batalha, e isso não só exteriormente, mas também interiormente. Embora a construção do futuro e sua consolidação definitiva não seja assunto nosso, tanto mais líquido e certo é o que atualmente temos de realizar; refiro-me à *crítica inescrupulosa da realidade dada*; inescrupulosa tanto no sentido de que a crítica não pode temer os seus próprios resultados quanto no sentido de que não pode temer os conflitos com os poderes estabelecidos. [...]

---

[2] Stathis Kouvélakis, *Philosophie et révolution: de Kant à Marx* (Paris, PUF/Actuel Marx, 2003).

[3] Karl Marx, *Critique de l'État hégélien* (Paris, UGE, 1976, Coleção 10/18). [Ed. bras.: *Crítica da filosofia do direito de Hegel*, trad. Rubens Enderle e Leonardo de Deus, São Paulo, Boitempo, 2005. Esse manuscrito de Marx, que só foi publicado postumamente em 1927, também é conhecido como *Manuscrito de 1843*. – N. E. B.]

[*] Ed. bras.: Idem, "Crítica da filosofia do direito de Hegel – Introdução", em *Crítica da filosofia do direito de Hegel*, cit. (N. E. B.)

[**] Ed. bras.: Idem, *Manuscritos econômico-filosóficos* (trad. Jesus Ranieri, São Paulo, Boitempo, 2004). (N. E. B.)

[***] Ed. bras.: Karl Marx e Friedrich Engels, *A sagrada família* (trad. e notas de Marcelo Backes, São Paulo, Boitempo, 2003). (N. T.)

[4] Karl Marx, Carta a Arnold Ruge, mai. 1843. Ver p. 69-70.

Sobre a questão judaica

Sendo assim, não sou favorável a que finquemos uma bandeira dogmática; ao contrário. Devemos procurar ajudar os dogmáticos a obter clareza quanto às suas proposições. Assim, sobretudo o *comunismo* é uma abstração dogmática, e não tenho em mente algum comunismo imaginário ou possível, mas o comunismo realmente existente, como ensinado por Cabet, Dézamy, Weitling etc.[5]

A religião e a política, naquele momento, "constituem os objetos centrais do interesse da Alemanha": "É preciso partir desses objetos, como quer que se apresentem, e não contrapor-lhes algum sistema pronto, como, por exemplo, o de *Voyage en Icarie*"[6]. Para a Alemanha, a crítica da religião encontra-se "fundamentalmente acabada", escreveu Marx pouco depois, em sua "Crítica da filosofia do direito de Hegel – Introdução". É hora, então, da crítica da política, do direito, do Estado, da cisão entre a sociedade civil e o Estado, do salto mortal entre o mundo do egoísmo privado e o do interesse geral ilusório. A partir de então, o objeto da crítica é "o conflito do Estado político consigo mesmo", do qual se trata de "extrair a verdade social". Assim, o combate em favor das liberdades públicas no âmbito do Estado parece importante, mas não um objetivo em si ou "a forma definitiva da verdade social"[7]. Limitado ao plano específico do Estado, separado da sociedade civil, ele leva simplesmente a uma "revolução parcial", a uma revolução "apenas política, que deixa intatos os pilares da casa":

> Nada nos impede, portanto, de vincular nossa crítica à crítica da política, ao ato de tomar partido na política, ou seja, às lutas *reais*, e de identificar-se com elas. Nesse caso, não vamos ao encontro do mundo de modo doutrinário com um novo princípio: "Aqui está a verdade, todos de joelhos!" [...]
>
> A reforma da consciência consiste unicamente no fato de deixar o mundo interiorizar sua consciência, despertando-o do sonho sobre si mesmo, *explicando-lhe* suas próprias ações. *Todo o nosso propósito só pode consistir em colocar as questões religiosas e políticas em sua forma humana autoconsciente.*[8]

O papel que Marx atribui aos revolucionários é ainda, por não confiar nos doutrinadores utópicos, o do pedagogo que revela a consciência, mais do que o do estrategista:

> Portanto, nosso lema deverá ser: reforma da consciência, não pelo dogma, mas pela análise da consciência mística, sem clareza sobre si mesma, quer se apresente em sua forma religiosa ou na sua forma política. Ficará evidente, então,

---

[5] Ibidem, set. 1843. Ver p. 71.

[6] Idem. Ver p. 71. Ver também Pierre Macherey, *L'Homme productif* (fotocópia, EMR Savoirs et Textes, Université Lille III). [*Voyage en Icarie*, de 1840, é um romance de Étienne Cabet (1788-1856), no qual o autor concebe uma ilha em que o comunismo se efetiva progressivamente. – N. E. B.]

[7] Pierre Macherey, *L'Homme productif*, cit., p. 57.

[8] Karl Marx, Carta a Arnold Ruge, set. 1843. Ver p. 72.

Apresentação

que o mundo há muito tempo já possui o sonho de algo de que necessitará apenas possuir a consciência para possuí-lo realmente. Ficará evidente que não se trata de um grande hífen entre o passado e o futuro, mas da *realização das ideias do passado*. Por fim, ficará evidente que a humanidade não começa um trabalho novo, mas executa o seu antigo trabalho com consciência.[9]

A expansão do espaço público por meio da liberdade de imprensa de fato tropeça no despotismo. Sendo assim proibida a passagem desejada da sociedade civil para o Estado, a crítica deste torna-se prioritária. Surge então um novo fetichismo, o do "Estado político", ainda não articulado ao da mercadoria. Nos rascunhos de Kreuznach, Marx efetivamente descobriu na cisão entre Estado e sociedade civil "a abstração do Estado político como produto da modernidade"[10]. A burocracia enquanto sacerdócio desse novo fetiche baseia-se na separação:

> As corporações são o materialismo da burocracia, e a burocracia é o espiritualismo das corporações. A corporação é a burocracia da sociedade civil; a burocracia é a corporação do Estado [...] [Ela é a] consciência do Estado, a vontade do Estado, o poder do Estado encarnado numa corporação que forma uma sociedade particular e fechada dentro dele. A burocracia enquanto corporação perfeita vence as corporações enquanto burocracias imperfeitas [...] O espírito burocrático é um espírito fundamentalmente jesuíta, teológico. Os burocratas são os jesuítas e os teólogos do Estado. A burocracia é a república eclesiástica.

Ela se considera "o objetivo final do Estado":

> Toda manifestação pública do espírito político, até mesmo do espírito cívico, parece então à burocracia uma traição a seu mistério. A autoridade é o princípio de seu saber; e o culto da autoridade, seu modo de pensar".

Disso Marx tira a evidente conclusão:

> A supressão da burocracia só é possível se o interesse geral se tornar efetivamente – e não como para Hegel puramente em pensamento, na abstração – o interesse particular, o que somente pode acontecer se o interesse particular se tornar efetivamente o interesse geral.[11]

Para isso, é preciso repensar a separação. A "sociedade civil" já é "uma esfera privada, ou seja, separada do e oposta ao Estado. Para adquirir importância e eficácia políticas, deve deixar de ser o que é, ou seja, deixar de ser privada. Esse ato político é uma transubstanciação total", através da qual a sociedade civil deve renunciar completamente a ser ela própria. Ora, a separação entre a sociedade civil e o Estado implica necessariamente a separação entre o cidadão "enquanto membro do Estado e o civil enquanto membro da sociedade civil": "Portanto, é preciso que o indivíduo efetue uma cisão essencial consigo". Ele

---

[9] Idem. Ver p. 72-3.
[10] Idem, *Critique de l'État hégélien*, cit., p. 111.
[11] Ibidem, p. 140-7.

Sobre a questão judaica

leva então uma vida dupla, por um lado, na "organização burocrática" e, por outro, na "organização social": "A separação da sociedade civil e do Estado aparece necessariamente como um ato em que o cidadão se separa da sociedade civil e de sua própria realidade empírica; pois, enquanto idealista do Estado, ele é um ser outro, diferente, distinto e oposto ao que é na realidade"[12].

Esse tema do desdobramento entre sociedade civil e Estado, homem e cidadão, vai desempenhar um papel-chave na crítica da cidadania desenvolvida em *Sobre a questão judaica*. Essa crítica não é inteiramente nova. Já figurava, em 1784, num artigo de Moses Mendelssohn intitulado "Über die Frage: Was heisst Aufklärung?"* [Sobre a pergunta: O que quer dizer Esclarecimento?]:

> As luzes do homem enquanto homem podem entrar em conflito com as luzes do cidadão. Algumas verdades úteis ao homem enquanto homem podem, às vezes, nutri-lo enquanto cidadão [...] Infeliz o Estado que deva reconhecer que, em seu seio, o destino essencial do homem não está em harmonia com o destino essencial do cidadão.

A análise crítica dessa separação permite a Marx ir mais longe e pensar a emergência do antagonismo de classes:

> A transformação propriamente dita dos "estamentos políticos" (*Stände*) em classes civis foi realizada na monarquia absoluta. A burocracia fazia valer a ideia da unidade entre os diferentes estamentos no Estado, mas a diferença social deles continuava a ser uma política dentro e ao lado da burocracia do poder governamental absoluto. Foi a Revolução Francesa que concluiu a transformação dos estamentos políticos em classes sociais e reduziu as diferenças de *status* da sociedade civil a simples diferenças sociais concernentes à vida privada, sem importância na vida política. Assim, completou-se a separação da vida política e da sociedade civil.[13]

Momentos decisivos na via de ultrapassagem do liberalismo radical e de suas ilusões, a *Crítica da filosofia do direito de Hegel* e o artigo "Sobre a questão judaica" aprofundam a crítica do Estado político até a lógica expansiva de uma "verdadeira democracia" concebida como processo permanente. Para atravessar esse trecho rumo a uma perspectiva revolucionária e descobrir a força social capaz de conduzi-la, será preciso esperar a "Crítica da filosofia do direito de Hegel – Introdução" de 1844, publicada juntamente com *Sobre a questão judaica* no único número dos *Anais Franco-Alemães*. No entanto, a transição teórica ainda não havia terminado:

---

[12] Ibidem, p. 201-3.

* Moses Mendelssohn (1729-1786) foi um filósofo judeu do período do Iluminismo alemão. Nesse texto, enviado para o periódico *Berlinischer Monatschrifft* [Mensário berlinense], Mendelssohn se debruça sobre a mesma questão que Kant em seu famoso ensaio "Resposta à pergunta: 'Que é o Esclarecimento?'", ao que mostram diversos pontos de concordância. (N. E. B.)

[13] Karl Marx, *Critique de l'État hégélien*, cit., p. 207.

Apresentação

Apesar de sua originalidade teórica e seu alto teor político, a trajetória marxiana como estratégia de democratização deduzida da resolução dialética da passagem sociedade/Estado nos recoloca também nas águas familiares da via alemã: a revolução é legítima, mas é tarefa dos outros; a missão de "espiritualização" atribuída à Alemanha permitirá que ela escape das amarguras da tormenta revolucionária desfrutando ao mesmo tempo das conquistas; o reformismo estatal, ao qual a filosofia prática investida no espaço público serve de aguilhão, permitirá uma resolução pacífica e produtiva das contradições. Em outras palavras, embora o lugar ocupado por Marx seja singular, não sai do âmbito do que ele designará depois como a ideologia alemã.[14]

Ele ainda não sai dali, mas já está na soleira, ou na soleira da soleira.

A troca do alfinete pela clava acelera então sua mudança. Prova disso é a evolução, em poucas semanas, da redação de *Sobre a questão judaica* para a da "Crítica da filosofia do direito de Hegel – Introdução"[15]:

> O sr. me olha com um meio sorriso nos lábios e pergunta: "E o que se ganha com isso? Vergonha não leva a nenhuma revolução". Eu respondo: "A vergonha já é uma revolução; [...] Vergonha é um tipo de ira voltada para dentro. E se toda uma nação realmente tivesse vergonha, ela seria como um leão que se encolhe para dar o bote".[16]

A vergonha é, então, a tomada de impulso para o salto que Marx está prestes a dar diante da comédia do Antigo Regime que a Alemanha não para de representar sonhando filosoficamente com as revoluções realizadas por seus vizinhos.

Em menos de um ano, assiste-se assim à passagem de uma estratégia de conquista do espaço público por meio da liberdade de imprensa (Stahis Kouvélakis denomina-o "o momento renano") para a revolução radical ("momento parisiense"), passando pela verdadeira democracia ("momento de Kreuznach"). Nesse encadeamento, "Sobre a questão judaica" situa-se na articulação do segundo e do terceiro momento. O artigo é um prelúdio da guinada decisiva da

---

[14] Stathis Kouvélakis, *Philosophie et révolution: de Kant à Marx*, cit., p. 342. Sobre essa mudança teórica, ver também Michael Löwy, *La Théorie de la révolution chez le jeune Marx* (Paris, Maspero, 1970); Antoine Artous, *Marx, l'État et la politique* (Paris, Syllepse, 1999); Miguel Abensour, *La Démocracie contre l'État. Marx et le moment machiavélien* (Paris, PUF, 1997); Jacques Texier, *Révolution et démocratie chez Marx et Engels* (Paris, PUF/Actuel Marx, 1998).

[15] Karl Marx, *Introduction à la critique de la philosophie du droit de Hegel* (edição comentada por Stathis Kouvélakis, Paris, Ellipses, 2000).

[16] Karl Marx, Carta a Ruge, mar. 1843. Ver p. 63-4. Ao se referir ao salto do tigre em suas "Teses sobre o conceito de história", Walter Benjamin retomará, conscientemente ou não, esse tema do salto leonino. [Essas teses foram publicadas no Brasil com tradução de Jeanne Marie Gagnebin e Marcos Lutz Müller em Michael Löwy, *Walter Benjamin: aviso de incêndio: uma leitura das "Teses sobre o conceito de história"*, trad. Wanda Caldeira Brant, São Paulo, Boitempo, 2005 – N. T.]

Sobre a questão judaica

política concebida como revolução permanente que ultrapassa, sem a renegar, a problemática jacobina da cidadania. É o sentido da ruptura que a "Crítica da filosofia do direito de Hegel – Introdução" de 1844 traduz; nomeando o proletariado e selando sua aliança com a filosofia, ela proclama o mundo novo: "Ela anuncia uma ruptura do tempo histórico, o momento em que o 'ainda não' e o 'já', o 'cedo demais' e o 'tarde demais' se invertem e revelam sua verdade: a impossibilidade do momento exato, da coincidência entre a coisa e seu tempo próprio"[17].

Não cabe retomar aqui esse texto denso, uma espécie de manifesto antes do *Manifesto do Partido Comunista*. Basta lembrar até que ponto ele vai além de *Sobre a questão judaica*, cuja publicação simultânea faz com que pareçam gêmeos. Constatando, desde as primeiras palavras, que a crítica da religião encontra-se "fundamentalmente acabada", Marx põe na ordem do dia a "crítica não religiosa". Pois, "o homem não é uma essência abstrata agachada fora do mundo; o homem é o mundo do homem, o Estado, a sociedade" que produzem a religião como "consciência invertida do mundo". A religião aparece, então, como um fenômeno contraditório, "ao mesmo tempo expressão da miséria real e protesto contra essa miséria". É por isso que o simples anticlericalismo burguês alimentado pelo positivismo republicano não vai ao fundo das coisas. Ele ataca a expressão da miséria real sem levar em conta seu reverso de protesto legítimo e sem ir às raízes dessa miséria, em outras palavras, "a um Estado que tem necessidade de ilusões". Após ter levado a termo a crítica da religião, é urgente "desmascarar a autoalienação humana em sua forma sagrada".

A Alemanha, que compartilhou as restaurações dos povos modernos sem compartilhar com eles as revoluções, marca passo diante dessa nova tarefa: "Nós conhecemos restaurações, em primeiro lugar, porque outros povos ousaram fazer uma revolução e, em segundo, porque outros povos submeteram-se a uma contrarrevolução; a primeira vez porque nossos soberanos tinham medo, a segunda porque não o tinham". Portanto, o regime alemão representa um anacronismo na Europa. Aos olhos do mundo, ele exibe apenas "a nulidade do Antigo Regime" e não é mais que "o comediante de uma ordem do mundo, cujos verdadeiros heróis morreram". Ora, a comédia é "a última fase de uma forma da história universal". Diante desse impasse histórico, a simples expansão das liberdades públicas e a "verdadeira democracia" não são mais suficientes. Chegou a hora de declarar "guerra à situação alemã".

Na "Crítica da filosofia do direito de Hegel – Introdução", a dialética das revoluções europeias pressupõe a ideia, ainda não explícita, do desenvolvimento desigual e combinado. Na atrelagem da "triarquia europeia" (Inglaterra, França, Alemanha), o "atraso alemão" obriga de fato a se colocar de outra maneira "o problema fundamental dos tempos modernos": o das relações do mundo da riqueza com o mundo político. A partir de então, na França e na Inglaterra, a

---

[17] Stathis Kouvélakis, *Philosophie et révolution: de Kant à Marx*, cit., p. 408.

Apresentação

alternativa é entre "economia política e dominação da riqueza pela sociedade"; na Alemanha, a alternativa ainda é entre "economia nacional e dominação da nacionalidade pela propriedade privada". Na França e na Inglaterra, já se trata de abolir o monopólio, que foi até as últimas consequências; na Alemanha, ainda se trata de levá-lo até as últimas consequências. O único elemento da vida alemã realmente no diapasão de sua época é a filosofia do direito e do Estado. Por isso os jovens hegelianos da "Crítica crítica" lutam a contratempo, num cenário filosófico em que, Paul Nizan teria dito, "filósofos fantasmas" trocam "golpes fantasmas". Eles não veem que a filosofia especulativa do direito e do Estado não é mais possível, exceto na Alemanha, enquanto "pensamento abstrato e exaltado do Estado moderno, cuja realidade permanece num outro mundo, mesmo que este outro mundo se encontre simplesmente do outro lado do Reno". Em suma, na falta do que fazer, "os alemães pensaram no que os outros povos fizeram", e "a Alemanha foi a consciência teórica desses povos".

A questão, doravante, é saber se a Alemanha será capaz de alçar sua prática à altura de seus princípios, "ou seja, a uma revolução que a eleve não só ao nível oficial dos povos modernos, mas até o nível humano que será o futuro próximo desses povos". Em outras palavras, a questão é saber se os últimos serão os primeiros. Marx retoma essa problemática do desenvolvimento desigual e da não contemporaneidade nos *Manuscritos de 1857-1858 (Grundrisse)*, em *O capital** e, no final de sua vida, em suas cartas a Vera Zassulitch sobre a revolução na Rússia. Mas desde 1844, não se trata mais de refazer o caminho da Revolução Francesa, de marchar sobre seus rastros, mas de empreender uma revolução inédita, inaudita, sem precedente. Não se trata de obter somente a emancipação política, mas de atingir a "emancipação humana". Ali, reaparecem os temas introduzidos em *Sobre a questão judaica*. Exceto que nos textos dos *Anais Fanco-Alemães* de 1844 o vínculo político e estratégico entre os dois níveis de emancipação é explicitamente colocado: "Sem dúvida, a arma da crítica não pode substituir a crítica das armas, a força material deve ser derrotada pela força material, mas a teoria também se torna uma força material quando ela se apodera das massas". Uma "revolução alemã radical" tornou-se necessária. Ela não tem nada de sonho utópico. O que se torna realmente utópico é "a revolução parcial, somente política", que deixaria de pé "os pilares da casa".

A revolução radical necessária coloca um problema ainda sem solução. As revoluções requerem "um fundamento material"; as necessidades teóricas, "a mediação de necessidades práticas": "Não basta que o pensamento leve à realização, a própria realidade deve levar ao pensamento". Portanto, uma revolução radical deve ser "a revolução das necessidades radicais" conduzida por uma classe cujo "estado determinado seja o estado do escândalo universal", e que tenha a audácia de proclamar, parafraseando Sieyès sobre

---

* Karl Marx, *O capital* (trad. de Regis Barbosa e Flávio R. Kothe, 2. ed., São Paulo, Nova Cultural, 1985). (N. T.)

o Terceiro Estado: "Eu não sou nada, eu deveria ser tudo". O cenário é então construído para uma peripécia que atualiza a "possibilidade positiva da revolução alemã". Trata-se da irrupção "de uma classe com elos radicais, de uma classe da sociedade civil burguesa que não é uma classe da sociedade civil burguesa; de um estado que é a dissolução de todos os estados sociais". Essa classe "não reivindica um direito particular porque ela não está submetida a uma injustiça particular, mas à injustiça enquanto tal". Ela não poderia então emancipar-se "sem emancipar todas as outras esferas da sociedade": "Essa dissolução da sociedade enquanto estado particular é o proletariado". Entrada em cena ruidosa, mas entrada em cena filosófica. A classe que surge ainda não passa de uma hipótese conceitual que se supõe responder ao enigma das revoluções modernas. Ela encontrará seu conteúdo prático (o verbo, sua carne) no contato com o proletariado parisiense e com a colaboração de Engels, que desembarcará vindo de Manchester, trazendo em suas bagagens as notas sobre a *Situação da classe trabalhadora na Inglaterra*[*].

Na Alemanha, o proletariado começa então apenas a se formar com "o surgimento do movimento industrial". Pois "não é a pobreza resultante das condições naturais, mas a pobreza produzida artificialmente que produz o proletariado". Portanto, uma nova pobreza. Não a pobreza da penúria ou de catástrofes naturais, mas uma pobreza propriamente social, gerada pelo grande vampiro moderno que ainda não tem nome, e será denominado mais tarde: o Capital. Socialmente produzida, essa pobreza acarreta uma crítica da propriedade privada, da qual o proletariado "exige a negação":

> Uma vez iniciado o combate contra a classe que está acima dela, cada classe se engaja no combate contra a que se encontra abaixo; assim, o príncipe se encontra em luta contra a monarquia, o burocrata contra a nobreza, os burgueses contra todos eles, enquanto o proletário já começa seu combate contra o burguês.

A "revolução permanente" será, portanto, a resposta finalmente encontrada para o enigma do impossível término da revolução burguesa.

Vê-se de fato, à luz dessa "Crítica da filosofia do direito de Hegel – Introdução", que *Sobre a questão judaica* é seu laboratório e a questão que a precede; nela está esboçada a crítica que Marx não vai parar de aprofundar até morrer. Para ele, a "questão judaica" é simplesmente a oportunidade e o pretexto para explorar os limites da emancipação política e para realizar sua crítica do Estado político. Portanto, é o texto de passagem, de transição na transição, do aprendizado de um pensamento prestes a rejeitar a "Crítica crítica" e sua "sagrada família", para ir à raiz das coisas por meio da crítica da economia política, para passar à crítica das armas sem renunciar às armas da crítica.

---

[*] Friedrich Engels, *Situação da classe trabalhadora na Inglaterra* (trad. de B. A. Schumann, São Paulo, Boitempo, 2008). (N. T.)

Apresentação

Sobre a questão judaica apresenta-se como uma resposta a *Die Judenfrage* [A questão judaica], publicado pela primeira vez em novembro de 1842 por Bruno Bauer nos *Anais Alemães*, e a seu artigo "Die Fähigkeit der heutigen Juden und Christen, frei zu werden" [A capacidade dos atuais judeus e cristãos de se tornarem livres], publicado em 1843 nas *Einundzwanzig Bogen aus der Schweiz* [Vinte e um cadernos da Suíça][18]. Nele, Bauer sustentava que, na atual sociedade, a emancipação dos judeus exigia que anteriormente se emancipassem da teologia. Para terem acesso à cidadania no Estado constitucional, os judeus deveriam renunciar à sua religião, à sua pretensão de se constituírem um povo "ancorado em sua essência oriental", "eternamente separado dos outros". Sua emancipação somente seria possível por meio de "uma mudança total de sua essência". A questão judaica era, consequentemente, apenas um aspecto da "grande questão universal que nossa época trabalha para resolver" e os judeus somente seriam verdadeiramente emancipados quando tivessem renunciado ao judaísmo – e o Estado constitucional, ao cristianismo. O judaísmo não poderia exigir a abolição de outros privilégios sem renunciar ao de sua própria "eleição". Para Bauer, "a própria essência do judeu enquanto judeu", que o faz judeu antes de ser homem, não foi imposta pelas circunstâncias externas, mas escolhida e desejada pelos judeus, excluídos voluntariamente da sociedade comum por sua obstinação em cultivar sua singularidade religiosa e consequentemente responsáveis pela opressão a que foram submetidos. Logicamente, ele chama a uma conversão teológica, exigindo do judeu "tirar o judeu da sua cabeça" (como os maoístas de 1968 imaginaram que bastava

---

[18] Sobre *Die Judenfrage*, de Bruno Bauer, e seu contexto, ver a excelente apresentação crítica de Massimiliano Tomba, "La questione ebraïca: il problema dell'universalismo politico", em *Bruno Bauer, Karl Marx: La questione ebraïca* (Roma, Manifestolibri, 2004). Tomba queixa-se, com razão, de que um bom número de marxistas somente conheça Bauer através da réplica polêmica de Marx. Ele salienta que toda a reflexão de Bauer parte de categorias em estado de crise. Assim, o termo francês emancipação vai ocupar, na Alemanha, o espaço deixado vago pela destruição dos privilégios corporativos em prol da reivindicação dos direitos civis e políticos. Desde antes da publicação de *Sobre a questão judaica*, essa reflexão inspira *Der Christliche Staat und unsere Zeit* (1841) [O Estado cristão e nossa época] e *Das Entdeckte Christentum: eine Erinnerung an das achtzehnte Jahrhundert und ein Beitrag zur Krisis des neunzehnten* (1843) [O Cristianismo desvelado: uma rememoração do século XVIII e uma contribuição à crise do século XIX], proibido pela censura e destruído antes de sua publicação. A crítica baueriana do cristianismo não é mais branda que a do judaísmo. Para Tomba, essa crítica da religião coloca em evidência "o caráter necessariamente exclusivo" de toda identidade comunitária e "trabalha para a dissolução de qualquer fundamento essencialista desse em comum". A controvérsia com Marx, segundo Tomba, não se baseia no fato de que Bauer deixaria subsistir a religião como uma simples questão privada, enquanto Marx trabalharia para sua supressão nas relações sociais reais, e sim na "forma religiosa de um dualismo" cristalizado, de um lado, em um "universalismo irreal" do Estado com relação ao indivíduo e, de outro, no poder do dinheiro como abstração social.

"tirar o policial da sua cabeça" para aniquilar a opressão), em vez de mudar o mundo no qual ele vive e que, de alguma maneira, ele merece.

Em 1843, o debate sobre a "questão judaica" chega a seu ponto culminante. Seus termos não são inteiramente novos. O século anterior tinha sido agitado pelas controvérsias sobre o dogmatismo teológico e a emancipação civil. Na Áustria e na Alemanha, o despotismo esclarecido de José II e de Frederico II permitira aos judeus obterem alguns direitos. Em Viena, a partir de 1782, a *Toleranzpatent* [Edito da tolerância] permitiu-lhes enviar seus filhos para escolas e colégios do Estado; ela outorgou-lhes também liberdades econômicas, exceto a propriedade imobiliária. José II propôs a seu Conselho de Estado "tornar produtiva à sociedade a classe numerosa de israelitas em nossos territórios hereditários". Frederico II aplicou com pragmatismo a lei que limitava o número de judeus autorizados em Berlim. Em suma, a situação dos judeus alemães e austríacos era melhor do que a que eles conheciam então no resto da Europa.

Nesse contexto mais favorável, Moses Mendelssohn, descrito por Lessing como um "novo Spinoza", começou a defender a causa de sua comunidade em nome do Iluminismo e de uma total liberdade de consciência. Em seu prefácio de 1782 à edição alemã de *La défense des juifs* [A defesa dos judeus], de Manasseh ben Israël, intitulado *Du salut des juifs* [Sobre a redenção dos judeus], ele incitava seus correligionários a deixarem seu gueto para participarem plenamente da cultura do país de adoção. Não se tratava de demandar direitos particulares para uma doutrina particular, mas de reivindicar direitos universais do homem. Em compensação, Mendelssohn não aceitava o direito das autoridades rabínicas de excluírem um membro de sua comunidade (como haviam feito com Uriel da Costa e Spinoza), arrogando-se assim um poder que pertencia apenas ao poder secular.

Sob a ocupação napoleônica, os judeus renanos beneficiaram-se da emancipação civil reconhecida para os judeus da França. Após o Tratado de Viena, a reação da Santa Aliança retoma esses direitos restabelecendo a noção do Estado cristão. A tragédia de Rahel Lewin Varnhagen, obrigada a "apagar a infâmia de seu nascimento" para poder se integrar, constitui uma ilustração exemplar dessa regressão[19]. O edito de 4 de maio de 1816 proibia efetivamente aos judeus da Alemanha o acesso às funções públicas. Em 1819, surgiram manifestações antijudeus na Baviera. Essa onda de judeufobia se alimentou de boatos de assassinato ritual lançados em 1840 pelo caso de Damasco[20]. A questão dos direitos cívicos dos judeus torna-se então uma reivindicação liberal. Em 1843, um ano após a publicação de *Die Judenfrage*, de Bauer, Gabriel

---

[19] Ver Hannah Arendt, *Rahel Varnhagen* (Paris, Pocket, 1993, Coleção Agora). [Ed. bras.: *Rahel Varnhagen: judia alemã na época do romantismo*, Rio de Janeiro, Relume-Dumará, 1994.]

[20] Os judeus de Damasco, acusados de assassinatos rituais, foram submetidos a uma onda de perseguições em 1840.

Apresentação

Riesser publicou *A questão judaica contra Bruno Bauer*; Samuel Hirsch, por sua vez, *Cartas para esclarecer A questão judaica de Bruno Bauer*; e Gustav Philippson, *Esclarecimentos sobre A questão judaica de Bruno Bauer*. Em 1844, foi publicado *Bruno Bauer e os judeus*, de Abraham Geiger. Paralelamente, desenvolveram-se as pesquisas de uma "história judaica" ligada à manutenção dos rituais religiosos, resultantes dos estudos judaicos iniciados por Leopold Zunz e da *Wissenschaft des Judentums* [Ciência do judaísmo] desde 1816, conduzida pelos trabalhos históricos de Heinrich Graetz. Ela será continuada, no século XX, por Simon Doubnov, Salo Baron e Yosef Yeruschalmi.

Os anos 1840 marcaram então uma guinada do judaísmo alemão. Zunz e Graetz esforçaram-se para estabelecer a continuidade do judaísmo como nação e para reabilitar a tradição, enquanto os judeus liberais defendiam sua assimilação ao Estado constitucional moderno. Assim, Graetz criticava Gabriel Riesser por sua indiferença à "dimensão nacional do judaísmo" e por sua fidelidade ao ideal de Lessing. Marx retoma essas controvérsias sobre "Bruno Bauer e seus consortes" no capítulo VI de *A sagrada família*, em "A Crítica crítica absoluta ou a Crítica crítica conforme o senhor Bruno": em sua polêmica contra "A questão judaica", do senhor Bruno, "alguns judeus liberais e racionalistas" criticam-no com toda razão por imaginar um Estado "que seja um Estado ideal filosófico". Na verdade, Bauer confunde Estado e humanidade, os direitos do homem e o homem, a emancipação política e a emancipação humana. Em sua obra "político-fantástica", em nome da "Crítica absoluta", ele aprova a ideia de que a assimilação não seria possível a não ser onde o judaísmo tivesse desaparecido, com a condição recíproca de que o cristianismo também aceitasse sua própria autodissolução ecumênica.

Para Marx, a "Crítica absoluta" de Bauer continua, assim, a considerar o ateísmo como condição necessária e suficiente da igualdade civil, "ignorando a essência do Estado"[21]. Para Bauer, "atualmente, os judeus se emanciparam, à medida que avançaram na teoria". Portanto, são "livres à medida que o querem". Para Marx, ao contrário, é tempo de abandonar "esse socialismo puramente espiritual" para "dar um salto na política". A lógica de um ateísmo de Estado autoritário, exigindo a renúncia a qualquer religião poderia levar "à força judeus e cristãos em seu [de Bauer] Estado crítico". Marx previa, assim, os riscos de um ateísmo doutrinário e de catecismos positivistas, que substituíssem o fetichismo religioso por um fetichismo estatal. Esse ateísmo à maneira de Bauer seria simplesmente "o último grau do teísmo" e o "reconhecimento negativo de deus". A abordagem de Marx é diametralmente oposta ao racionalismo dogmático e ao anticlericalismo burguês que se manifesta na "Crítica crítica": são Bruno, mais uma vez um esforço para se tornar realmente incrédulo![22]

---

[21] Karl Marx e Friedrich Engels, *La Sainte Famille* (Paris, Éditiones Sociales, 1973), p. 112.

[22] Ocupado em criar a imagem de um Marx antissemita, Pierre Birnbaum revela-se assustadoramente indulgente com Bauer. No entanto, foi esse último, e não Marx, que deu um ultimato aos judeus, condicionando seu direito à cidadania ao abandono de sua reli-

Sobre a questão judaica

Apesar dessas divergências essenciais entre Marx e Bauer, Pierre Birnbaum pretende reconciliá-los por meio de uma fórmula geral, de acordo com a qual "a emancipação suporia o fim do judaísmo". No entanto, para Marx, não há mais emancipação pura e simples. Seu problema é precisamente esclarecer de que emancipação se trata. Bauer quer o fim de todas as religiões em prol do Estado racional, resume Birnbaum, enquanto "Marx ridiculariza essa emancipação baseada na separação da Igreja e do Estado que deixa subsistirem as religiões"[23]. No entanto, Marx "ridiculariza" isso tão pouco, que diz exatamente o contrário, qualificando "a emancipação política" de "grande progresso". Mas critica Bauer pela "confusão acrítica da emancipação política com a emancipação humana geral". É porque, na Alemanha, o Estado político, "o Estado enquanto Estado", não existe verdadeiramente, que a questão judaica permanece ali "puramente *teológica*": "O judeu encontra-se em oposição religiosa ao Estado que confessa o cristianismo como sua base". Na França, ao contrário, com o Estado constitucional, a questão judaica tornou-se a da "*parcialidade da emancipação política*". Somente nos Estados Unidos ela realmente perde seu significado teológico e "se tornou uma questão realmente secular"!

Portanto, o principal problema para Marx não é a manutenção da religião sob o Estado político, mas o fetichismo do Estado resultante do desdobramento entre sociedade civil e representação política. Ele começa apenas a entrar na via da crítica da religiosidade moderna, da religiosidade mercantil, da qual *O capital* fornecerá a elucidação conceitual. O que passa a ser problema, a partir de então, é o Estado puro e simples. Consequentemente, comenta Birnbaum, "Marx tem *todos os trunfos na mão* para se fazer de defensor da emancipação dos judeus que Bauer parece recusar". Todos os trunfos? Seria puro estratagema retórico e um liberalismo de fachada? Ao contrário, a posição de Marx é plenamente coerente. Diferentemente de Bauer, que não a consente, Marx apoia a emancipação política dos judeus sem exigir que renunciem à sua religião, pois as religiões somente poderiam se extinguir junto com a "miséria real" contra a qual protestavam e a "necessidade de ilusões" com a qual reagiam. A leitura teológica de Marx, por Pierre Birnbaum, é tão "limitada" quanto a abordagem teológica da questão judaica por Bauer: cego por uma espécie de narcisismo comunitário, hoje amplamente compartilhado, não compreende nem o contexto histórico, nem o que está em jogo no centro da discussão[24]. Ele admite que, para Marx, "o privilégio da fé é um direito universal

---

giosidade. Birnbaum chega a inverter as posições de ambos, declarando que "Bernanos espera a conversão dos judeus como prova de redenção da humanidade, assim como Marx, antes dele, num outro registro". (Pierre Birnbaum, *Géographie de l'espoir*, Paris, Gallimard, 2004, p. 193). Num outro registro? Na realidade, um totalmente diferente!

[23] Ibidem, p. 59.

[24] É pena, pois essa cegueira compromete, com muitas informações, a leitura de sua obra erudita e, muitas vezes, apaixonante.

Apresentação

do homem que se aplica também aos judeus", mas a emancipação política que lhes *concede* "não teria significado real, pois para ele a única emancipação que põe a religião em questão é a emancipação humana"[25].

É difícil entender quando alguém fala de coisas tão diferentes. O problema de Marx não é a religião enquanto tal, mas a cisão no centro da sociedade moderna. Ele apreenderá todo o seu sentido com a descoberta do desdobramento do valor em valor de uso e valor de troca, do trabalho em trabalho concreto e trabalho abstrato, do capital em capital fixo e circulante etc. Desde *Sobre a questão judaica*, Marx demonstra, opondo-se a Bauer, que "a divisão do homem em cidadão não religioso e indivíduo religioso de modo algum é incompatível com a emancipação política"[26]. Por isso, em *A sagrada família*, apoiará Riesser e os judeus da Reforma contra esse mesmo Bauer. Num belo exercício de leitura suspeita, Pierre Birnbaum observa que Marx "mostra-se *a partir de agora* favorável à emancipação dos judeus da qual ele nada dizia em *Sobre a questão judaica*"[27]. *A partir de agora*? Sabemos, por sua carta a Ruge em março de 1843, que o próprio Marx havia redigido uma petição requerendo os direitos cívicos dos judeus de Colônia. Longe de contradizer *Sobre a questão judaica*, escrito poucas semanas depois, esse gesto é, ao contrário, a ilustração prática disso. Em vez de se contentar com o que considera com suspeita um simples desvio, Birnbaum vê aí apenas uma manobra discursiva: se Marx declara-se "*a partir de agora*" favorável à emancipação cívica dos judeus "é na realidade para melhor demonstrar a vacuidade dessa emancipação política". Não: é para apoiá-la sem deixar de salientar seus limites.

Pierre Birnbaum não desiste: "Marx preconiza o fim indispensável e inevitável dos judeus"[28]. A formulação é viciada. Ele poderia escrever que Marx prevê o desaparecimento da alienação religiosa e das identidades confessionais, como consequências prováveis da emancipação humana. Poderia até atribuir ao enunciado um sentido performativo. Mas as palavras foram escolhidas: Marx não se limita a prever, ele "preconiza". Portanto, ele dita. O quê? O fim "indispensável e inevitável" dos judeus. A destruição final? De quem? Não da religião, mas dos judeus enquanto tais. À luz crepuscular do genocídio dos judeus, essa leitura orientada tem o tom de um processo.

Em *A sagrada família*, Marx condena a "Crítica absoluta" de Bauer por atingir "por meio de um desvio teológico" "profecias sobre o declínio das nacionalidades", para as quais essa crítica prevê um futuro "muito sombrio"[29]. Ele reivindica ter desnudado, desde *Sobre a questão judaica*, "o erro fundamental que consiste em confundir a emancipação política e a emancipação humana", em tratar a questão judaica como uma questão religiosa, "realmente teológica

---

[25] Pierre Birnbaum, *Géographie de l'espoir*, cit., p. 59.
[26] Karl Marx e Friedrich Engels, *La Sainte Famille*, cit., p. 122.
[27] Pierre Birnbaum, *Géographie de l'espoir*, cit., p. 67.
[28] Ibidem, p. 83.
[29] Karl Marx e Friedrich Engels, *La Sainte Famille*, cit., p. 122.

Sobre a questão judaica

e político-fantástica"[30]. Quando pretende falar de política, o teólogo Bauer não se ocupa de política, mas de teologia. Trata-se, ao contrário, de "saber o que é uma questão religiosa particularmente em nossos dias". Pois doravante não existem "interesses religiosos em si", "religião enquanto religião", mas uma "situação real do judaísmo na sociedade burguesa atual", de fato "as questões religiosas têm em nossa época um significado social".

Sem dúvida, elas sempre o tiveram. Mas esse significado era expresso de outra maneira nas sociedades em que política e religião, sagrado e profano encontravam-se estreitamente imbricados. O que mudou "em nossa época" foi, portanto, o lugar da religião, sua separação do Estado político, a privatização das crenças confessionais. É sobre essa novidade que Marx procura pensar. Sem negar que "a questão judaica seja *também* uma questão religiosa", ele critica a obstinação de Bauer em explicar "os verdadeiros judeus pela religião, em vez de explicar o mistério da religião judaica pelos verdadeiros judeus". Bauer, retomando "a velha opinião ortodoxa segundo a qual o judaísmo se manteve, apesar da história"[31], continua assim no campo da ontologia do ser judeu. Marx inverte a equação: "Demonstramos, ao contrário, que o judaísmo conservou-se e desenvolveu-se pela história, na e com a história"[32]. Essa inversão decisiva inspirou autores, de Abraham Léon a Maxime Rodinson, passando por Isaac Deutscher, Roman Rosdolsky e Ernest Mandel, que se dedicaram a desenvolver uma "concepção materialista da questão judaica".

Para Marx, não se tratava também de explicar o judeu da época pela religião, mas de explicar a sobrevivência da religião pelos elementos práticos da vida burguesa da qual ela "dá um reflexo fantástico": a tarefa não consistia então em eliminar os judeus como pretendiam os defensores de um "Marx antissemita", mas em abolir "o judaísmo da sociedade burguesa, que atinge seu ponto culminante no sistema monetário"[33]. Embora os judeus pudessem ser politicamente emancipados em diferentes Estados, ainda estavam longe de sê-lo "no plano humano":

> Consequentemente, convém estudar a essência da emancipação política, ou seja o Estado político desenvolvido. Quanto aos Estados que ainda não podem conceder aos judeus a emancipação política, é preciso compará-los ao Estado político acabado, e demonstrar que eles são Estados subdesenvolvidos.

Nesta passagem de *A sagrada família*, Marx continua e desenvolve a crítica iniciada em *Sobre a questão judaica*:

> Mostramos ao senhor Bauer como a decomposição do homem em cidadão não religioso e indivíduo religioso não está totalmente em contradição com

---

[30] Ibidem, p. 133.
[31] Essa perenidade, apesar da história, continuará a ser o *leitmotiv* dos teólogos da história judaica enquanto história sagrada.
[32] Karl Marx e Friedrich Engels, *La Sainte Famille*, cit., p. 135.
[33] Idem.

Apresentação

a emancipação política. Mostramos a ele que se o Estado se emancipa da religião ao se emancipar da religião do Estado, abandonando ao mesmo tempo a religião a si mesma no âmbito da sociedade civil, o indivíduo se emancipa politicamente da religião comportando-se em relação a ela não mais como em relação a uma questão pública, mas considerando-a como sua questão particular.

Logo depois, Marx insiste:

Portanto, os direitos do homem não o libertam da religião, mas garantem-lhe a liberdade de religião; eles não o libertam da propriedade, mas lhe dão a liberdade de propriedade; não os libertam da necessidade de ganhar sua vida de modo mais ou menos próprio, mas concedem-lhe a liberdade de trabalho.

O fundamento do Estado político moderno não é mais a sociedade dos privilégios, mas a sociedade dos privilégios abolidos. A sociedade civil burguesa é simplesmente "essa guerra recíproca de todos os indivíduos" e "o movimento universal desenfreado das forças vitais elementares libertadas dos entraves dos privilégios".

A argumentação de Bauer supõe que os judeus não têm a mesma capacidade que têm os cristãos de se emanciparem porque o judaísmo iria opor seu culto, cioso da particularidade, à visão universal do cristianismo. Ao retomar algumas considerações de Feuerbach em *A essência do cristianismo*, ele vê em seu particularismo egoísta (proveniente do mito do povo eleito) um obstáculo irredutível para a universalidade à qual aspira o cristianismo. O artigo de Marx usa como pretexto a oportunidade oferecida por esse livreto de Bauer para retomar um projeto descrito numa carta em 25 de agosto de 1842 a David Oppenheim, em que declara abordar a questão "por um outro ângulo". Em sua carta a Ruge, em 13 de março de 1843, ele já indicava que a posição de Bauer lhe parecia "extremamente abstrata", e muitíssimo pouco crítica em relação ao "Estado cristão"[34]. Seu erro vinha da incapacidade de estender a questão judaica a outros países além da Alemanha, onde ela era considerada efetivamente do ponto de vista teológico. No entanto, nos países em que o Estado tinha atingido, segundo a concepção de Bauer, uma forma de perfeição desfazendo-se de seu caráter religioso, a religião não tinha desaparecido. Portanto, era inevitável constatar que a religião não era o verdadeiro obstáculo à "perfeição do Estado".

A questão crucial, ignorada por Bauer, não era saber se a emancipação da religião resulta automaticamente da emancipação política, e sim saber "que relação a completa emancipação política mantinha com a religião". A questão

---

[34] Sobre essa questão, ver Georges Labica, *Le Statut marxiste de la philosophie* (Bruxelas, Complexe, 1976). Labica observa que "Crítica da emancipação política" teria sido um bom título para *Zur Judenfrage* [*Sobre a questão judaica*] e teria permitido explicitar o que está subentendido em *Zur*, "A propósito de".

consistia na relação entre o Estado político e a sociedade civil, a mesma que a filosofia hegeliana do direito não havia conseguido elucidar. Enquanto a emancipação dos judeus continua a ser, para Bauer, uma questão religiosa – e sua solução, teológica –, para Marx, a tarefa da crítica consiste em se emancipar da teologia de todas as formas. Na passagem da crítica da religião para a do Estado político e da propriedade privada, ele absolutamente não subestima a importância das liberdades cívicas, mas o homem não pode se livrar de sua "essência religiosa" se não dirige a crítica para onde se passa sua existência real. Quando a alienação religiosa se enraíza na alienação política e social, não basta mais emancipar o Estado da religião através de uma reforma da consciência; a partir de agora, é preciso se emancipar do fetichismo do Estado por meio da luta política.

Depois de ter ajustado contas filosóficas com Hegel, na *Crítica da filosofia do direito de Hegel*, os artigos dos *Anais Franco-Alemães* anunciam então as *Teses sobre Feuerbach* de 1845. *Sobre a questão judaica* aparece como ponto de partida de uma crítica dos limites da Revolução Francesa e da retórica dos direitos do homem. Foi o motivo pelo qual esse artigo suscitou tantas paixões e leituras enviesadas. O desdobramento entre o judeu do *shabat* e o judeu "de todos os dias" ilustra a grande cisão da modernidade, o desdobramento geral entre o Estado político e a sociedade civil, entre o homem e o cidadão, entre o espaço público e o espaço privado, entre o bem comum e o interesse egoísta. Marx inaugura, assim, uma crítica que busca nas condições históricas da existência judaica, e não na eternidade celeste do povo eleito, as raízes de sua opressão e as razões da perpetuação do judaísmo, "na e pela história".

Os *Anais Franco-Alemães* ou a guinada parisiense de Marx

Os dois artigos publicados por Marx em Paris em 1844 –"Crítica da filosofia do direito de Hegel – Introdução" e "Sobre a questão judaica" – não se limitam a anunciar a morte do Deus das religiões. Eles iniciam o combate contra os fetiches e os ídolos substitutos: o Dinheiro e o Estado.

Em *A essência do cristianismo**, Feuerbach não só mostrara que o homem não é a criatura de Deus, e sim seu criador. Não só sustentara que "o homem faz a religião, a religião não faz o homem". Ele também "comprovara que a filosofia é simplesmente a religião transposta para a ideia e nesta desenvolvida", escreve Marx. Ao fazer "da relação social do homem com o homem o princípio fundamental da teoria", "fundou o verdadeiro materialismo". Pois o homem não é um homem abstrato "agachado fora do mundo", é o "mundo do homem", o homem em sociedade que produz, troca, luta, ama. É o Estado, é a sociedade.

---

* Ed. bras.: Ludwig Feuerbach, *A essência do cristianismo* (Petrópolis, Vozes, 2007). (N. E. B.)

Apresentação

Uma vez admitido que esse homem real não é a criatura de um Deus todo-poderoso, resta saber de onde vem a necessidade de inventar uma vida após a vida, e de imaginar um Céu livre das misérias terrestres. "A miséria religiosa é a expressão da miséria real e, ao mesmo tempo, o protesto contra esta miséria. A religião é o suspiro da criatura oprimida, a alma de um mundo sem coração, do mesmo modo que ela é o espírito de um estado de coisa sem espírito. A religião é o ópio do povo." Como o ópio, ela atordoa e ao mesmo tempo acalma.

Portanto, a crítica da religião não pode se contentar, como acontece com o anticlericalismo maçônico e o racionalismo das Luzes, em ser hostil com o clero, com o imame ou com o rabino. Essa abordagem da questão religiosa será também, logo após a Comuna de Paris, a de Engels. Ele considera, então, "o problema do ateísmo ultrapassado" e critica alguns exilados parisienses por quererem "transformar as pessoas em ateus por ordem do mufti", em vez de tirarem lições da experiência:

> Que se pode ordenar tudo o que se quer no papel sem que, no entanto, isso seja colocado em prática, e que as perseguições são a melhor maneira de dar origem a fiéis estorvantes. Uma coisa é certa: o único serviço que se pode prestar a Deus, hoje, é declarar que o ateísmo é um artigo de fé obrigatório e suplantar as leis anticlericais, proibindo a religião em geral.

Desde 1844, para Marx, trata-se de atacar as condições sociais que provocam uma necessidade de crença e de paraíso artificiais:

> A abolição da religião enquanto felicidade ilusória do povo é a condição de sua felicidade real. Exigir que ele renuncie às ilusões em sua situação é exigir que ele renuncie a uma situação que tem necessidade de ilusões. A crítica da religião é, portanto, em seu estado latente, a crítica do vale de lágrimas cuja auréola é a religião.

Assim, a crítica da religião visa a um objetivo necessário, mas limitado: privar o homem de suas ilusões, de seus consolos ilusórios, frustrá-lo, abrir-lhe os olhos "para que ele pense, aja, transforme sua realidade de homem decepcionado, chegue à razão, para que ele gravite em torno de si próprio, ou seja, em torno de seu sol real". Uma vez acabado "o além-mundo" religioso da verdade, a tarefa histórica é estabelecer "a verdade do mundo aqui embaixo" e "desmascarar a alienação humana em suas formas não sagradas": "A crítica do céu transforma-se, assim, em crítica da terra, a crítica da religião em crítica do direito, a crítica da teologia em crítica da política".

Ao proclamar que, para a Alemanha, "a crítica da religião está essencialmente acabada", mas que ela é a "condição de qualquer crítica", a "Crítica da filosofia do direito de Hegel – Introdução", de 1844, tem um ar de manifesto antes do *Manifesto Comunista*, e de um programa de trabalho que anuncia as novas tarefas da crítica. O artigo "Sobre a questão judaica", publicado no

Sobre a questão judaica

mesmo e único número dos *Anais Franco-Alemães*, muitas vezes entendido com contrassenso é seu prolongamento ou sua primeira aplicação prática.

Os dois artigos publicados na primavera de 1844 nos *Anais Franco-Alemães* marcam, portanto, exatamente uma guinada na formação do pensamento crítico de Marx. Eles constituem um adeus definitivo à filosofia alemã especulativa e inauguram, no contato com o proletariado parisiense, o grande canteiro de obras da crítica. A "Crítica da filosofia do direito de Hegel – Introdução" marca, assim, a entrada espetacular do proletariado na cena filosófica como condição da "possibilidade positiva da emancipação alemã": "O filósofo é a cabeça dessa emancipação, o proletariado seu coração. A filosofia não pode se realizar sem abolir o proletariado, o proletariado não pode se abolir sem a realização da filosofia".

Essa transformação do liberalismo democrático em comunismo é resultado das experiências e decepções do movimento dos jovens hegelianos. Para a *intelligentsia* oposicionista alemã, 1843 foi um ano terrível, marcado pelo endurecimento autoritário do regime de Frederico Guilherme. No início daquele ano, o governo prussiano proibiu a publicação da *Gazeta Renana*, que Marx dirigia de fato desde o verão de 1842. A escalada repressiva torna obsoleta a estratégia reformista da oposição esclarecida. A aniquilação de qualquer espaço de livre expressão obriga a *intelligentsia* oposicionista a escolher entre renunciar a toda atividade política pública ou seguir o exemplo de Heine e tomar o caminho do exílio.

Em 17 de março de 1843, Marx publica no último número da *Gazeta Renana* algumas linhas pedindo demissão. Ele planeja, então, expatriar-se e, poucas semanas depois, escreve a seu correspondente Arnold Ruge:

> É lamentável testemunhar trabalhos servis, mesmo que em nome da liberdade, e lutar com alfinetadas e não com cacetadas. Estou cansado de hipocrisia, de estupidez, de autoridade brutal. Estou cansado de nossa docilidade, de nossa obsequiosidade, de nossos recuos, de nossas querelas por meio de palavras. Nada posso fazer na Alemanha. Aqui, falsifica-se a si mesmo.

Após seu casamento com Jenny, ele passa o verão em Kreuznach, onde se dedica à leitura crítica da filosofia do direito de Hegel, da qual nasceram os rascunhos conhecidos como *Crítica da filosofia do direito de Hegel* e os artigos dos *Anais*.

Sua "Crítica da filosofia do direito de Hegel – Introdução" é, escreve Stathis Kouvélakis, "um texto de ruptura irrevogável":

> Verdadeira coleção de enunciados, um bom número deles consagrados a uma gloriosa posteridade, gravados com buril, em uma linguagem ao mesmo tempo especulativa e panfletária, ganha ares de primeiro manifesto de Marx, que incita à ação, anunciando abertamente a passagem de seu autor às posições revolucionárias.[35]

---

[35] Stathis Kouvélakis, comentário à *L'introduction à la critique de la philosophie du droit de Hegel* (Paris, Ellipse, 2000).

Apresentação

Constitui uma espécie de introdução aos *Manuscritos parisienses*, também conhecidos como *Manuscritos econômico-filosóficos*.

Nela, a crítica de um ateísmo contemplativo e abstrato leva Marx a se distanciar de Feuerbach, que "não vê que o próprio sentimento religioso é um produto social e que o indivíduo abstrato que ele analisa pertence a uma forma de sociedade bem determinada". Seu antigo materialismo para no ponto de vista da sociedade burguesa. Ele deve ser ultrapassado por um "novo materialismo" que se coloca do ponto de vista da "sociedade humana ou da humanidade social": "Assim, uma vez que se descobriu que a família terrestre é o segredo da Sagrada Família, a primeira é que deve ser aniquilada na teoria e na prática".

Esse novo materialismo social, essa superação do ateísmo abstrato é simplesmente o comunismo:

> Da mesma maneira que o ateísmo, enquanto negação de Deus, é o desenvolvimento do humanismo teórico, o comunismo, enquanto negação da propriedade privada, é a reivindicação da verdadeira vida humana como propriedade do homem: o comunismo é o desenvolvimento do humanismo prático. Em outras palavras, o ateísmo é o humanismo mediado pela supressão da religião, e o comunismo é o humanismo mediado pela supressão da propriedade privada.

É preciso distinguir ainda diferentes momentos no desenvolvimento da ideia comunista. Em sua "forma primitiva", o "comunismo rudimentar" quer destruir tudo o que não é suscetível de ser possuído por todos. A condição do trabalhador não é abolida, mas estendida a todos os homens. A propriedade privada generalizada encontra "sua expressão animal" na posse das mulheres. Esse "comunismo vulgar simplesmente finaliza o nivelamento imaginando um mínimo". A abolição da propriedade privada, nesse caso, não é a apropriação social real, mas "a negação abstrata de toda a esfera da cultura e da civilização, a volta à simplicidade do homem sem posse e sem desejo, que não só não se situa além da propriedade privada, mas que nem sequer a alcançou".

O comunismo político ou democrático visa à supressão do Estado, à superação da alienação humana e à "volta do homem para si mesmo". Mas "não tendo ainda compreendido a natureza humana da necessidade nem a essência positiva da propriedade privada, ele ainda é contaminado por ela e permanece sob sua dependência". Enquanto superação positiva da propriedade privada e "apropriação real da essência humana pelo homem e para o homem, o comunismo é a volta total do homem para si enquanto homem social, ou seja, humano". Portanto, é "a verdadeira solução do conflito do homem com a natureza, do homem com o homem, a verdadeira solução da luta entre a existência e a essência, entre a objetivação e a subjetivação, entre a liberdade e a necessidade, entre o indivíduo e a espécie".

Se, para dominar a ideia da propriedade privada, "o comunismo pensado é suficiente", para dominar a propriedade privada real, "é preciso uma ação comunista real", um movimento que "na realidade, passará por um processo muito longo e muito duro". Em suma, enquanto o ateísmo é apenas a negação abstrata de Deus, o comunismo é sua negação concreta. Ele vai à raiz das coisas e procura acabar praticamente com um mundo de frustrações e de misérias das quais surge a necessidade de consolo divino.

O sumário do número duplo dos *Anais Franco-Alemães* de fevereiro de 1844 compreende, nesta ordem:

- plano da publicação;
- correspondência entre Marx e Ruge (1843);
- poema satírico de Heine sobre Luís I da Baviera e seu germanismo de péssima qualidade;
- veredicto da corte suprema da Prússia contra Johann Jacoby por alta traição e crime de lesa-majestade;
- "Crítica da filosofia do direito de Hegel – Introdução", de Marx;
- "Esboço de uma crítica da economia política", de Friedrich Engels;
- ata da reunião ministerial em 12 de junho de 1834, seguida de dois discursos de Metternich e de Ferdinand Bernays;
- poema de Georg Herwegh;
- "A situação da Inglaterra", de Friedrich Engels;
- "Sobre a questão judaica", de Karl Marx;
- extratos de artigos da imprensa alemã sobre a atualidade, por Ferdinand Bernays.

Rico sumário, para um rico e único número! Deixa claro o contexto da publicação de *Sobre a questão judaica*.

Na época, Marx tinha 25 anos e Engels, 23.

Daniel Bensaïd
Paris, fevereiro de 2009

SOBRE A QUESTÃO JUDAICA

(Escrito entre agosto e dezembro de 1843)

— 182 —

ZUR JUDENFRAGE.

1) *Bruno Bauer : Die Judenfrage. Braunschweig 1843. —*
2) *Bruno Bauer : Die Fähigkeit der heutigen Juden und Christen frei zu werden. Ein und zwanzig Bogen aus der Schweiz. Herausgegeben von Georg Herwegh. Zürich und Winterthur. 1843. S. 56—71. —*

Von

KARL MARX.

I.

Bruno Bauer : Die Judenfrage. Braunschweig 1843.

Die deutschen Juden begehren die Emancipation. Welche Emancipation begehren sie? Die staatsbürgerliche, die politische Emancipation.

Bruno Bauer antwortet ihnen : Niemand in Deutschland ist politisch-emancipirt. Wir selbst sind unfrei. Wie sollen wir euch befreien? Ihr Juden seid Egoisten, wenn ihr eine besondere Emancipation für euch als Juden verlangt. Ihr müsstet als Deutsche an der politischen Emancipation Deutschlands, als Menschen an der menschlichen Emancipation arbeiten und die besondere Art eures Drucks und eurer Schmach nicht als Ausnahme von der Regel, sondern vielmehr als Bestätigung der Regel empfinden.

Oder verlangen die Juden Gleichstellung mit den christlichen Unterthanen? So erkennen sie den christlichen Staat als berechtigt an, so erkennen sie das Regiment der allgemeinen Unterjochung an. Warum missfällt ihnen ihr specielles Joch, wenn ihnen das allgemeine Joch gefällt! Warum soll der Deutsche sich für die Befreiung des Juden interessiren, wenn der Jude sich nicht für die Befreiung des Deutschen interessirt?

Der christliche Staat kennt nur Privilegien. Der Jude besitzt in ihm das Privilegium, Jude zu sein. Er hat als Jude Rechte,

"Sobre a questão judaica", artigo de Marx em resposta a Bruno Bauer, publicado nos *Anais Franco-Alemães* em 1844.

I

BRUNO BAUER, *DIE JUDENFRAGE* [A QUESTÃO JUDAICA][1]

(Braunschweig, 1843)

Os judeus alemães almejam a emancipação. Que emancipação almejam? A emancipação *cidadã*, a emancipação *política*.

Bruno Bauer responde-lhes: ninguém na Alemanha é politicamente emancipado. Nós mesmos carecemos da liberdade. Como poderíamos vos libertar? Vós, judeus, sois egoístas, quando exigis uma emancipação especial só para vós como judeus. Como alemães, teríeis de trabalhar pela emancipação política da Alemanha, como homens, pela emancipação humana, percebendo o tipo especial de pressão que sofreis e o vexame por que passais não como exceção à regra, mas como confirmação da regra.

Ou os judeus estariam querendo equiparação com os *súditos cristãos*? Eles reconhecem desse modo o Estado *cristão* como de direito, reconhecem assim o regimento da subjugação universal. Por que lhes desagrada seu jugo específico se lhes agrada o jugo universal! Por que o alemão deveria se interessar pela libertação do judeu, se o judeu não se interessa pela libertação do alemão?

O *Estado cristão* só conhece *privilégios*. O judeu possui dentro dele o privilégio de ser judeu. Como judeu ele tem direitos que os cristãos não têm. Por que almeja direitos que ele não tem e dos quais gozam os cristãos?

Ao querer emancipar-se do Estado cristão, o judeu pede que o Estado cristão renuncie ao seu preconceito *religioso*. Acaso ele, o judeu, renuncia ao seu preconceito religioso? Teria ele, portanto, o direito de pedir a alguém tal abdicação da religião?

---

[1] Nesta primeira parte de *Sobre a questão judaica*, Marx toma como principal referência o texto de Bruno Bauer, *Die Judenfrage* (Braunschweig, Friedrich Otto, 1843). As referências bibliográficas no corpo do texto são do próprio Marx, como ele as grafou. As indicações de número de páginas entre parênteses referem-se ao texto de Bauer. (N. E. B.)

Karl Marx

O Estado cristão, *por sua própria essência*, não pode emancipar o judeu; mas, arremata Bauer, o judeu, por sua própria essência, não pode ser emancipado. Enquanto o Estado for cristão e o judeu judaico, ambos serão igualmente incapazes tanto de conceder quanto de receber a emancipação.

O Estado cristão só pode se relacionar com o judeu na qualidade de Estado cristão, isto é, privilegiando, ao permitir o isolamento do judeu em relação aos demais súditos, mas fazendo com que sinta a pressão das demais esferas isoladas, e permitindo que ele sinta tanto mais essa pressão pelo fato de se encontrar em oposição *religiosa* à religião dominante. Mas também o judeu só pode se relacionar com o Estado de modo judaico, ou seja, como um estrangeiro em relação ao Estado, ao contrapor à nacionalidade real sua nacionalidade quimérica, ao contrapor à lei real sua lei ilusória, ao crer que tem o direito de isolar-se da humanidade, ao não tomar parte no movimento histórico por princípio, ao aguardar um futuro que nada tem a ver com o futuro geral do homem, ao considerar-se um membro do povo judeu e ter o povo judeu na conta de o povo escolhido.

Portanto, a título de que vós, judeus, almejais a emancipação? Por causa de vossa religião? Ela é a inimiga mortal da religião do Estado. Como cidadãos do Estado? Não há cidadãos do Estado na Alemanha. Como seres humanos? Vós não sois seres humanos, e tampouco aqueles a quem apelais.

Bauer formulou de maneira nova a questão da emancipação dos judeus, depois de ter feito uma crítica às posições e soluções apresentadas para ela até agora. Ele pergunta: como são *constituídos* o judeu a ser emancipado e o Estado cristão que deve emancipar? Ele responde com uma crítica à religião judaica, analisando o antagonismo *religioso* entre judaísmo e cristianismo, ajuizando sobre a essência do Estado cristão, tudo com audácia, agudeza, vivacidade, meticulosidade, valendo-se de um estilo preciso tanto quanto substancioso e enérgico.

Assim sendo, como Bauer soluciona a questão judaica? A que resultado chega? A formulação de uma pergunta é sua solução. A crítica à questão judaica é a resposta à questão judaica. O resumo é, portanto, o seguinte:

Temos de emancipar a nós mesmos antes de poder emancipar outros.

A forma mais cristalizada do antagonismo entre o judeu e o cristão é o antagonismo *religioso*. Como se resolve um antagonismo? Tornando-o impossível. Como se faz para tornar impossível um antagonismo *religioso*? *Superando* a religião. Assim que judeu e cristão passarem a reconhecer suas respectivas religiões tão somente como *estágios distintos do desenvolvimento do espírito humano*, como diferentes peles de cobra descartadas pela *história*, e reconhecerem o homem como a cobra que nelas trocou de pele, eles não se encontrarão mais em uma relação religiosa, mas apenas em uma relação crítica, *científica*, em uma relação humana. A *ciência* constitui então sua unidade. Todavia, na ciência, os antagonismos se resolvem por meio da própria ciência.

Sobre a questão judaica

Principalmente o judeu *alemão* se defronta, de modo geral, com a falta de emancipação política e com o pronunciado caráter cristão do Estado. Contudo, nos termos de Bauer, a questão judaica possui um significado universal, independente das condições especificamente alemãs. Ela constitui a pergunta pela relação entre religião e Estado, pela *contradição entre o envolvimento religioso e a emancipação política*. A emancipação em relação à religião é colocada como condição tanto ao judeu que quer ser politicamente emancipado quanto ao Estado que deve emancipar e ser ele próprio emancipado.

"Bem, o que se diz – e o próprio judeu diz isso – é que o judeu não deve ser emancipado como judeu, não por ser judeu, não por possuir um princípio tão excelente de moralidade universalmente humano; antes, o judeu cederá lugar ao *cidadão* e será *cidadão*, mesmo que seja judeu e deva permanecer judeu, ou melhor, ele é e permanecerá *judeu* apesar de ser *cidadão* e viver em condições humanas universais; sua essência judaica e limitada sempre e em última análise preponderará sobre seus deveres humanos e políticos. O *preconceito* permanece apesar de ser sobrepujado por princípios *universais*. Mas se permanece, acaba sobrepujando tudo o mais."

"O judeu só poderia permanecer judeu na vida estatal ao modo sofista, ou seja, na aparência; caso ele quisesse permanecer judeu, a simples aparência seria, portanto, o essencial e preponderaria, isto é, sua vida no *Estado* seria apenas aparência ou uma exceção momentânea em contraposição à essência e à regra" ("Die Fähigkeit der heutigen Juden und Christen, frei zu werden", *Einundzwanzig Bogen*, p. 57).[2]

Ouçamos como Bauer expõe, em contrapartida, a tarefa do Estado. Ele diz:

"A França nos proporcionou recentemente [Deliberações da Câmara dos Deputados de 26 de dezembro de 1840] em relação à questão judaica – assim como faz constantemente em relação a todas as demais questões *políticas* – a visão de uma vida que é livre, mas que revoga a sua liberdade pela lei, declarando-a, portanto, também como aparência e, em contrapartida, refutando sua lei livre por meio de seus atos" (*Judenfrage*, p. 64).

"A liberdade ainda não é lei na França, e a questão judaica *ainda não* foi resolvida, porque a liberdade jurídica – de que os cidadãos são iguais – é restringida na vida real, a qual é dominada e fragmentada pelos privilégios religiosos, e essa falta de liberdade da vida retroage sobre a lei, forçando-a a sancionar a diferenciação dos cidadãos em si livres em oprimidos e opressores" (p. 65).

Quando, então, a questão judaica estaria resolvida na França?

---

[2] Bruno Bauer, "Die Fähigkeit der heutigen Juden und Christen, frei zu werden" [A capacidade dos atuais judeus e cristãos de se tornarem livres], *Einundzwanzig Bogen aus der Schweiz* [Vinte e um cadernos da Suíça]. Editado por Georg Herwegh; Winterthur-Zurique, 1843, n. 5, p. 57. Esse outro texto de Bauer será tratado com mais vagar por Marx na segunda parte. (N. E. B.)

Karl Marx

"O judeu, p. ex., já teria deixado de ser judeu se sua lei não mais o impedisse de cumprir seus deveres para com o Estado e seus concidadãos, ou seja, p. ex., comparecer no *shabbat* à Câmara dos Deputados e participar das deliberações públicas. Todo e qualquer *privilégio religioso*, ou seja, também o monopólio de uma igreja privilegiada, já teria sido abolido, e se alguns ou muitos ou até mesmo *a maioria esmagadora ainda acreditasse ter de cumprir deveres religiosos*, esse cumprimento deveria ser deixado *por conta deles como questão puramente privada*" (p. 65).

"Não havendo religião privilegiada não há mais nenhuma religião. Tirai da religião seu poder de excluir e ela deixará de existir" (p. 66).

"Do mesmo modo que o sr. Martin du Nord vislumbrou na sugestão de omitir a menção do domingo na lei uma proposição para declarar que o cristianismo deixou de existir, com o mesmo direito (e esse direito é plenamente justificado) a declaração de que a lei do sábado não é mais obrigatória para o judeu seria a proclamação da dissolução do judaísmo" (p. 71).

Bauer exige, portanto, por um lado, que o judeu renuncie ao judaísmo, que o homem em geral renuncie à religião, para tornar-se emancipado *como cidadão*. Por outro lado, de modo coerente, a superação *política* da religião constitui para ele a superação de toda religião. O Estado que pressupõe a religião ainda não é um Estado verdadeiro, um Estado real.

"No entanto, a concepção religiosa oferece garantias ao Estado. Mas a qual Estado? *A que tipo de* Estado?" (p. 97).

É nesse ponto que se evidencia a compreensão *unilateral* da questão judaica.

De modo algum bastava analisar as questões: quem deve emancipar? Quem deve ser emancipado? A crítica tinha uma terceira coisa a fazer. Ela devia perguntar: *de que tipo de emancipação* se trata? Quais são as condições que têm sua base na essência da emancipação exigida? Tão somente a crítica à *emancipação política* mesma poderia constituir a crítica definitiva à questão judaica e sua verdadeira dissolução na "*questão geral da época*".

Bauer incorre em contradições por não alçar a questão a esse nível. Ele impõe condições que não estão fundadas na essência da emancipação *política* mesma. Ele levanta perguntas que não estão contidas na tarefa que se propôs e resolve problemas que deixam o seu questionamento sem resposta. Bauer diz sobre os adversários da emancipação dos judeus que: "Seu único erro foi presumirem que o Estado cristão é o único verdadeiro e não o submeterem à mesma crítica com que contemplaram o judaísmo" (p. 3); diante disso, vemos o erro de Bauer no fato de submeter à crítica tão somente o "Estado cristão", mas não o "Estado como tal", no fato de não investigar a *relação entre emancipação política e emancipação humana* e, em consequência, de impor condições que só se explicam a partir da confusão acrítica da emancipação política com a emancipação humana geral. Em vista da pergunta de Bauer aos judeus: "Tendes, a partir do vosso ponto de vista, o direito de almejar a *emancipação política*?", nós perguntamos em contrapartida: o ponto de vista da emancipação *política* tem o direito de exigir dos judeus a supressão do judaísmo e do homem de modo geral a supressão da religião?

A questão judaica deve ser formulada de acordo com o Estado em que o judeu se encontra. Na Alemanha, onde não existe um Estado político, onde não existe o Estado como Estado, a questão judaica é uma questão puramente *teológica*. O judeu encontra-se em oposição religiosa ao Estado que confessa o cristianismo como sua base. Esse Estado é teólogo *ex professo* [com perfeição]. Nesse caso, a crítica que se faz é a crítica à teologia, crítica de dois gumes, crítica à teologia cristã, crítica à teologia judaica. Entretanto, por mais que estejamos nos movendo *criticamente*, ainda estamos nos movendo no interior da teologia.

Na França, no Estado *constitucional*, a questão judaica é a questão do constitucionalismo, a pergunta referente à *parcialidade da emancipação política*. Como ali se mantém a *aparência* de uma religião do Estado, ainda que numa fórmula inexpressiva e autocontraditória, a saber, na fórmula da *religião da maioria*, a relação entre os judeus e o Estado conserva a *aparência* de um antagonismo religioso, teológico.

Os estados livres norte-americanos – ao menos em uma parte deles – foram o único lugar em que a questão judaica perdeu seu sentido teológico e se tornou uma questão realmente secular. Só onde o Estado político existe em sua forma plenamente desenvolvida, a relação do judeu, e de modo geral do homem religioso, com o Estado político, ou seja, a relação entre a religião e o Estado, pode emergir em sua peculiaridade, em sua pureza. A crítica a essa relação deixa de ser uma crítica teológica no momento em que o Estado deixa de comportar-se teologicamente para com a religião, no momento em que ele se comporta como Estado, isto é, politicamente, para com a religião. A crítica transforma-se, então, em crítica ao Estado político. Justamente no ponto em que a questão deixa de ser teológica, a crítica de Bauer deixa de ser crítica.

> "Il n'existe aux États-Unis ni religion de l'état, ni religion déclarée celle de la majorité ni prééminence d'un culte sur un autre. L'état est étranger à tous les cultes"[3] (*Marie ou l'esclavage aux États-Unis etc.*, par G. de Beaumont. Paris, 1835, p. 214). Sim, há alguns Estados norte-americanos em que "la constitution n'impose pas les croyances religieuses et la pratique d'un culte comme condition des privilège politiques"[4] (l. c., p. 225). Ainda assim, "on ne croit pas aux États-Unis qu'un homme sans religion puisse être un honnête homme"[5] (l. c., p. 224).[6]

---

[3] "Nos Estados Unidos, não há nem religião do Estado, nem uma religião oficial da maioria, nem a preeminência de um culto sobre o outro. O Estado não se ocupa com nenhum culto." (N. T.)

[4] "a Constituição não estabelece qualquer crença religiosa ou a prática de um determinado culto como condição para obter privilégios políticos." (N. T.)

[5] "nos Estados Unidos não se crê que um homem sem religião possa ser um homem honesto." (N. T.)

[6] Gustave de Beaumont, *Marie ou l'esclavage aux États-Unis: tableaux de mœurs américaines* [Maria ou a escravidão nos Estados Unidos: quadro de costumes americanos] (Paris, 1835).

Ainda assim, a América do Norte é sobretudo a terra da religiosidade, como asseguram a uma só voz Beaumont, Tocqueville e o inglês Hamilton.[7] Os Estados norte-americanos, entretanto, são para nós apenas um exemplo. A pergunta é: como se comporta a emancipação política *plena* para com a religião? Se até mesmo no país da emancipação política plena encontramos não só a *existência* da religião, mas a existência da mesma *em seu frescor e sua força vitais*, isso constitui a prova de que a presença da religião não contradiz a plenificação do Estado. Como, porém, a existência da religião é a existência de uma carência, a fonte dessa carência só pode ser procurada na *essência* do próprio Estado. Para nós, a religião não é mais a *razão*, mas apenas o *fenômeno* da limitação mundana. Em consequência, explicamos o envolvimento religioso dos cidadãos livres a partir do seu envolvimento secular. Não afirmamos que eles devam primeiro suprimir sua limitação religiosa para depois suprimir suas limitações seculares. Afirmamos, isto sim, que eles suprimem sua limitação religiosa no momento em que suprimem suas barreiras seculares. Não transformamos as questões mundanas em questões teológicas. Transformamos as questões teológicas em questões mundanas. Tendo a história sido, por tempo suficiente, dissolvida em superstição, passamos agora a dissolver a superstição em história. *A questão da relação entre emancipação política e religião* transforma-se para nós na questão da relação *entre emancipação política e emancipação humana*. Criticamos a debilidade religiosa do Estado político ao criticar o Estado político em sua construção *secular, independentemente* de sua debilidade religiosa. Humanizamos a contradição entre o Estado e uma *determinada religião*, como, p. ex., o judaísmo, em termos de contradição entre o Estado e *determinados elementos seculares*, em termos de contradição entre o Estado e a *religião de modo geral*, em termos de contradição entre o Estado e seus *pressupostos* gerais.

A emancipação *política* do judeu, do cristão, do homem *religioso* de modo geral consiste na *emancipação* do Estado em relação ao judaísmo, ao cristianismo, à *religião* como tal. Na sua forma de *Estado*, no modo apropriado à sua essência, o Estado se emancipa da religião, emancipando-se da *religião do Estado*, isto é, quando o Estado como Estado não professa nenhuma religião, mas, ao contrário, professa-se Estado. A emancipação *política* em relação à religião não é a emancipação já efetuada, isenta de contradições, em relação à religião, porque a emancipação política ainda não constitui o modo já efetuado, isento de contradições, da emancipação *humana*.

O limite da emancipação política fica evidente de imediato no fato de o *Estado* ser capaz de se libertar de uma limitação sem que o homem *realmente*

---

[7] As fontes de Marx aqui, além do texto de Beaumont já citado, são: Alexis de Tocqueville, *De la démocratie en Amérique* [A democracia na América], Paris, 1835; e Thomas Hamilton, *Die Menschen und die Sitten in den vereinigten Staaten von Nordamerika* [Homens e costumes nos Estados Unidos da América], Mannheim, 1834. (N. E. B.)

fique livre dela, no fato de o Estado ser capaz de ser um *Estado livre* [*Freistaat*, república] sem que o homem seja um homem *livre*. O próprio Bauer admite isso tacitamente quando impõe a seguinte condição à emancipação política:

> "Todo e qualquer *privilégio religioso*, ou seja, também o monopólio de uma igreja privilegiada, já teria sido abolido, e se alguns ou muitos ou até mesmo *a maioria esmagadora ainda acreditasse ter de cumprir deveres religiosos*, esse cumprimento deveria ser deixado *por conta deles como questão puramente privada*."[8]

O *Estado* pode, portanto, já ter se emancipado da religião, mesmo que a *maioria esmagadora* continue religiosa. E a maioria esmagadora não deixa de ser religiosa pelo fato de ser *religiosa em privado*.

Porém, o comportamento do Estado, principalmente *do Estado livre*, para com a religião nada mais é do que o comportamento das pessoas que compõem o Estado para com a religião. Disso decorre que o homem se liberta de uma limitação, valendo-se do *meio chamado Estado*, ou seja, ele se liberta *politicamente*, colocando-se em contradição consigo mesmo, alteando-se acima dessa limitação de maneira *abstrata* e *limitada*, ou seja, de maneira parcial. Decorre, ademais, que o homem, ao se libertar *politicamente*, liberta-se através de um *desvio*, isto é, de um *meio*, ainda que se trate de um *meio necessário*. Decorre, por fim, que, mesmo proclamando-se ateu pela intermediação do Estado, isto é, declarando o Estado ateu, o homem continua religiosamente condicionado, justamente porque ele só reconhece a si mesmo mediante um desvio, através de um meio. A religião é exatamente o reconhecimento do homem mediante um desvio, através de um *mediador*. O Estado é o mediador entre o homem e a liberdade do homem. Cristo é o mediador sobre o qual o homem descarrega toda a sua divindade, todo o seu *envolvimento religioso*, assim como o Estado é o mediador para o qual ele transfere toda a sua impiedade, toda a sua *desenvoltura humana*.

A elevação *política* do homem acima da religião compartilha de todos os defeitos e de todas as vantagens de qualquer elevação política. O Estado como Estado anula, p. ex., a *propriedade privada*; o homem declara, em termos *políticos*, a propriedade privada como *abolida* assim que abole o caráter censitário da elegibilidade ativa e passiva, como ocorreu em muitos estados norte-americanos. *Hamilton* interpreta esse fato com muito acerto do ponto de vista político quando diz: "*A grande massa levou a melhor sobre os proprietários e a riqueza em dinheiro*". Acaso a propriedade privada não estaria abolida em princípio se o não proprietário se tornasse legislador do proprietário? A *estratificação censitária* é a última forma *política* de reconhecimento da propriedade privada.

No entanto, a anulação política da propriedade privada não só não leva à anulação da propriedade privada, mas até mesmo a pressupõe. O Estado

---

[8] Marx aqui cita novamente esse trecho do texto de Bauer, *Die Judenfrage*, p. 65. (N. E. B.)

anula à sua maneira a diferenciação por nascimento, estamento, formação e atividade laboral ao declarar nascimento, estamento, formação e atividade laboral como diferenças apolíticas, ao proclamar cada membro do povo, sem consideração dessas diferenças, como participante igualitário da soberania nacional, ao tratar todos os elementos da vida real de um povo a partir do ponto de vista do Estado. Não obstante, o Estado permite que a propriedade privada, a formação, a atividade laboral atuem à maneira delas, isto é, como propriedade privada, como formação, como atividade laboral, e tornem efetiva a sua essência particular. Longe de anular essas diferenças fáticas, ele existe tão somente sob o pressuposto delas, ele só se percebe como Estado político e a sua universalidade só torna efetiva em oposição a esses elementos próprios dele. Sendo assim, Hegel determina a relação entre o Estado político e a religião com muito acerto quando diz:

> "Para que [...] o Estado chegue à existência como *realidade moral* do espírito *ciente de si mesma*, faz-se necessária sua *diferenciação* em relação à forma da autoridade e da fé; mas essa diferenciação só aparece na medida em que ocorre uma divisão no lado eclesial; *só assim, pela via* das igrejas *particulares*, o Estado obtém a *universalidade* da ideia, o princípio de sua forma e lhe confere existência" (Hegel, *Rechtsphilosophie* [Filosofia do direito], 1. ed., p. 346).[9]

Isso mesmo! Só assim, *pela via* dos elementos *particulares*, é que o Estado se constitui como universalidade.

O Estado político pleno constitui, por sua essência, a vida do gênero humano em oposição à sua vida material. Todos os pressupostos dessa vida egoísta continuam subsistindo fora da esfera estatal na sociedade burguesa, só que como qualidades da sociedade burguesa. Onde o Estado político atingiu a sua verdadeira forma definitiva, o homem leva uma vida dupla não só mentalmente, na consciência, mas também na realidade, na vida concreta; ele leva uma vida celestial e uma vida terrena, a vida na comunidade política, na qual ele se considera um ente comunitário, e a vida na sociedade burguesa, na qual ele atua como pessoa particular, encara as demais pessoas como meios, degrada a si próprio à condição de meio e se torna um joguete na mão de poderes estranhos a ele. A relação entre o Estado político e a sociedade burguesa é tão espiritualista quanto a relação entre o céu e a terra. A antítese entre os dois é a mesma, e o Estado político a supera da mesma maneira que a religião supera a limitação do mundo profano, isto é, sendo igualmente forçado a reconhecê-la, produzi-la e deixar-se dominar por ela. Na sua realidade mais imediata, na sociedade burguesa, o homem é um ente profano. Nesta, onde constitui para si mesmo e para outros um indivíduo real, ele é um fenômeno inverídico. No Estado, em contrapartida, no qual o

---

[9] Ed. bras.: *Princípios da filosofia do direito* (trad. Orlando Vitorino, São Paulo, Martins Fontes, 1997).

Sobre a questão judaica

homem equivale a um ente genérico, ele é o membro imaginário de uma soberania fictícia, tendo sido privado de sua vida individual real e preenchido com uma universalidade irreal.

O conflito que emerge entre o homem que professa uma religião *particular* e sua cidadania, entre ele e as demais pessoas como membros da sociedade, reduz-se à divisão *secular* entre *o Estado político* e a *sociedade burguesa*. Para o homem como *bourgeois* [aqui: membro da sociedade burguesa], a "vida no Estado [é] apenas aparência ou uma exceção momentânea à essência e à regra". Todavia, o *bourgeois*, como o judeu, só permanece na vida do Estado mediante um sofisma, assim como o *citoyen* [cidadão] só permanece judeu ou *bourgeois* sofismando; mas essa sofística não é pessoal. É a *sofística do próprio Estado político*. A diferença entre o homem religioso e o cidadão é a diferença entre o mercador e o cidadão, entre o diarista e o cidadão, entre o proprietário de terras e o cidadão, entre o *indivíduo vivo* e o *cidadão*. A contradição que se interpõe entre o homem religioso e o homem político é a mesma que existe entre o *bourgeois* e o *citoyen*, entre o membro da sociedade burguesa e sua *pele de leão política*.

Essa desavença secular, à qual acaba se reduzindo toda a questão judaica, ou seja, a relação entre o Estado político e seus pressupostos, quer se trate de elementos materiais, como a propriedade privada etc., ou espirituais, como a formação e a religião, a desavença entre o interesse *geral* e o *interesse particular*, a divisão entre *o Estado político* e a *sociedade burguesa*, todos esses antagonismos seculares são mantidos por Bauer enquanto ele polemiza contra sua expressão *religiosa*.

> "O fundamento da *sociedade burguesa*, a saber, a carência que assegura a sua subsistência e garante a *sua necessidade*, é justamente o que expõe essa sua subsistência a constantes perigos, mantém dentro dela um elemento de insegurança e produz aquela mistura em constante mutação de pobreza e riqueza, carência e prosperidade, que gera a mudança de modo geral" (p. 8).

Confira-se toda a seção "A sociedade burguesa" (p. 8-9), que foi concebida em conformidade com as linhas gerais da filosofia do direito de Hegel. A sociedade burguesa, em seu antagonismo ao Estado político, é reconhecida como necessária porque o Estado político é reconhecido como necessário.

A *emancipação política* de fato representa um grande progresso; não chega a ser a forma definitiva da emancipação humana em geral, mas constitui a forma definitiva da emancipação humana *dentro* da ordem mundial vigente até aqui. Que fique claro: estamos falando aqui de emancipação real, de emancipação prática.

O homem se emancipa *politicamente* da religião, banindo-a do direito público para o direito privado. Ela não é mais o espírito do Estado, no qual o homem – ainda que de modo limitado, sob formas bem particulares e dentro de uma esfera específica – se comporta como ente genérico em comunidade com outros homens; ela passou a ser o espírito da *sociedade burguesa*, a es-

41

fera do egoísmo, do *bellum omnium contra omnes* [da guerra de todos contra todos]. Ela não é mais a essência da *comunidade*, mas a essência da *diferença*. Ela se tornou expressão da *separação* entre o homem e sua *comunidade*, entre si mesmo e os demais homens – como era *originalmente*. Ela já não passa de uma profissão abstrata da perversidade particular, do *capricho privado*, da arbitrariedade. A interminável fragmentação da religião, p. ex., na América do Norte, confere-lhe já *exteriormente* a forma de uma questão puramente individual. Ela foi desbancada para o meio dos interesses privados e degredada da comunidade como comunidade. Todavia, não tenhamos ilusões quanto ao limite da emancipação política. A cisão do homem em *público* e *privado*, o *deslocamento* da religião do Estado para a sociedade burguesa, não constitui um estágio, e sim a *realização plena* da emancipação política, a qual, portanto, não anula nem busca anular a religiosidade *real* do homem.

A *dissociação* do homem em judeu e cidadão, em protestante e cidadão, em homem religioso e cidadão, essa dissociação não é uma mentira frente à cidadania, não constitui uma forma de evitar a emancipação política, mas *é a própria emancipação política*; ela representa o modo *político* de se emancipar da religião. No entanto: nos períodos, em que o Estado político é gerado por meio da violência como Estado político a partir da sociedade burguesa, em que a autolibertação humana procura realizar-se sob a forma da autolibertação política, o Estado pode e deve avançar até a *abolição da religião*, até a *destruição* da religião; porém, somente na medida em que avance até a abolição da propriedade privada, até o *maximum*, até o confisco, a taxação progressiva, em que avance até a abolição da vida, até a *guilhotina*. Nos momentos em que está particularmente autoconfiante, a vida política procura esmagar seu pressuposto, a sociedade burguesa e seus elementos, e constituir-se como a vida real e sem contradição do gênero humano. No entanto, ela só consegue fazer isso caindo em contradição *violenta* com suas próprias precondições de vida, ou seja, declarando a revolução como *permanente*, e, em consequência disso, o drama político termina tão necessariamente com a restauração da religião, da propriedade privada, de todos os elementos da sociedade burguesa, quanto a guerra termina com a paz.

Pois o Estado cristão consumado não é o assim chamado Estado *cristão* que confessa o cristianismo como seu fundamento, como religião do Estado, e, em consequência, comporta-se de modo excludente para com as demais religiões; o Estado cristão consumado é, antes, o Estado *ateu*, o Estado *democrático*, o Estado que aponta à religião um lugar entre os demais elementos da sociedade burguesa. O Estado que ainda não deixou de ser teólogo, que ainda professa a confissão de fé do cristianismo em termos oficiais, que ainda não ousa se proclamar *como Estado*, ainda não logrou expressar de forma *secular, humana*, em sua *realidade* como Estado, o fundamento *humano*, cuja expressão entusiástica é o cristianismo. O assim chamado Estado cristão nada mais é do que o *não Estado*, porque o que nele pode efetuar-se, em termos de criação realmente humana, não é o cristianismo como religião, mas tão somente o *pano de fundo humano* da religião cristã.

O assim chamado Estado cristão constitui, na verdade, a negação cristã do Estado, mas jamais a realização estatal do cristianismo. O Estado que continua a professar o cristianismo na forma da religião ainda não o professa na forma do Estado, pois continua a comportar-se religiosamente para com a religião, isto é, ele não é a realização efetiva do fundamento humano da religião, porque ainda se reporta à *irrealidade*, à figura *imaginária* desse cerne humano. O assim chamado Estado cristão é o Estado *incompleto*, e ele tem a religião cristã na conta de *complemento* e *santificação* de sua incompletude. Sendo assim, a religião se torna para ele um *meio*, e ele se constitui no Estado da *hipocrisia*. Há uma grande diferença entre o Estado *completo* enumerar a religião entre seus *pressupostos* por causa da deficiência inerente à *essência universal* do Estado e o Estado *incompleto* declarar a religião como seu *fundamento* por causa da deficiência inerente à sua *existência particular* de Estado deficiente. No último caso, a religião se torna *política incompleta*. No primeiro caso, manifesta-se na religião a incompletude até mesmo da *política* completa. O assim chamado Estado cristão necessita da religião cristã para completar-se *como Estado*. O Estado democrático, o Estado real, não necessita da religião para chegar à sua completude política. Ele pode, antes, abstrair da religião, porque nele se realiza efetivamente em termos seculares o fundamento humano da religião. O assim chamado Estado cristão, em contrapartida, comporta-se politicamente para com a religião e religiosamente para com a política. Ao rebaixar as formas estatais à condição de aparência, ele rebaixa na mesma proporção a religião a essa condição.

Para obter clareza sobre esse antagonismo, observemos a construção que Bauer faz do Estado cristão, construção essa que resultou da análise do Estado germânico-cristão. Bauer diz o seguinte:

"Para demonstrar a *impossibilidade* ou a *não existência* de um Estado cristão, apontou-se recentemente com mais frequência para aquelas exigências no Evangelho[10] que o Estado [atual] *não só não segue, como nem pode seguir se não quiser se dissolver completamente* [como Estado]. [...] Mas essa questão não é tão simples assim. O que exigem aqueles ditos evangélicos? A autonegação sobrenatural, a submissão à autoridade da revelação, o distanciamento em relação ao Estado, a superação das condições seculares. E é justamente isso que exige e realiza o Estado cristão. Ele se apropriou do *espírito do Evangelho*, e o fato de não expressar esse espírito nos termos próprios do Evangelho deve-se unicamente a que o expressa em formas estatais, isto é, em formas que na verdade são emprestadas do sistema estatal vigente neste mundo, mas que, no renascimento religioso que têm de experimentar, são degradadas a mera aparência. Trata-se de um distanciamento em relação ao Estado que lança mão das formas estatais para realizar-se" (p. 55).

---

[10] No original de Bauer: "nos evangelhos". (N. E. A.)

Karl Marx

Bauer passa a desenvolver então as ideias de que o povo do Estado cristão é apenas um não povo; que ele não possui mais vontade própria, mas que sua verdadeira existência reside no superior ao qual está subordinado, o qual, no entanto, originalmente e por natureza lhe é estranho, isto é, veio a ele dado por Deus e sem sua participação ativa; que as leis desse povo não são feitas por ele, mas constituem revelações positivas; que seu líder necessita de mediadores privilegiados com o povo propriamente dito, com a massa; que essa massa mesma se decompõe em uma grande quantidade de círculos particulares constituídos e determinados pelo acaso, os quais se diferenciam por seus interesses, paixões e preconceitos específicos e obtêm como privilégio a permissão de delimitar-se mutuamente uns em relação aos outros etc. (p. 56).

Só que o próprio Bauer diz:

"Se a política nada mais é do que religião, então ela não deve ser política, da mesma forma que a atividade de lavar panelas, para ser considerada um assunto religioso, não pode ser vista como uma questão econômica" (p. 108).

Entretanto, no Estado germânico-cristão, a religião é uma "questão econômica", assim como a "questão econômica" é religião. No Estado germânico-cristão, a dominação da religião é a religião da dominação.

A separação entre o "espírito do Evangelho" e a "letra do Evangelho" constitui um ato *irreligioso*. O Estado que faz o evangelho se expressar nos termos da política, em termos distintos daqueles do Espírito Santo, comete um sacrilégio, se não aos olhos humanos, com certeza aos seus próprios olhos religiosos. O Estado que professa o cristianismo como sua norma máxima, que professa a *Bíblia* como sua *Carta Magna*, deve ser confrontado com as *palavras* da Sagrada Escritura, pois todo o teor da Escritura é sagrado. Esse Estado – tanto quanto o *lixo humano* sobre o qual está fundado – cai numa contradição dolorosa e insuperável do ponto de vista da consciência religiosa, quando é remetido às exigências do evangelho, que ele *"não só não segue, como nem pode seguir se não quiser se dissolver completamente como Estado"*. E por que ele não quer se dissolver completamente? Ele próprio não possui uma resposta para dar a si nem a outros. Diante de sua *própria consciência* o Estado cristão oficial é um *dever-ser*, cuja realização é inatingível, que só consegue constatar a *realidade* de sua existência mediante mentiras contadas a si próprio e que, em consequência disso, será um constante objeto de dúvidas para si próprio, um objeto não confiável, problemático. A crítica tem, portanto, todo o direito de forçar o Estado que se reporta à *Bíblia* a um distúrbio de consciência, no qual ele próprio não sabe mais se é uma *ilusão* ou uma *realidade* em que a infâmia de seus fins *seculares*, para os quais a religião serve de cobertura, cai em um conflito indissolúvel com a honradez de sua consciência *religiosa*, que vê a religião como finalidade do mundo. Esse Estado só consegue se libertar de seu tormento interior, tornando-se o *carrasco* da Igreja Católica. Diante desta, que

Sobre a questão judaica

declara o poder secular como seu serviçal, o Estado é impotente; impotente é *o poder secular* que afirma representar a dominação do espírito religioso.

No assim chamado Estado cristão, o que tem validade é a *alienação*, e não o homem. O único homem que tem valor, o *rei*, é um ente diferenciado especificamente dos demais homens, mas ele próprio ainda é religioso, vinculado diretamente com o céu, com Deus. As relações que vigoram nesse caso ainda são relações *de fé*. Nesse caso, portanto, o espírito religioso ainda não foi realmente secularizado.

Todavia, o espírito religioso não pode ser secularizado *realmente*, pois o que é ele próprio senão a forma *não secular* de um estágio do desenvolvimento do espírito humano? O espírito religioso somente pode ser realizado na medida em que o estágio de desenvolvimento do espírito humano, do qual ele é a expressão religiosa, emergir em sua forma *secular* e assim se constituir. Isso sucede no Estado *democrático*. O fundamento desse Estado não é o cristianismo, mas o fundamento humano do cristianismo. A religião permanece a consciência ideal, não secular de seus membros, porque é a forma ideal do *estágio de desenvolvimento humano*, que nela efetivamente é realizado.

Os membros do Estado político se constituem como religiosos mediante o dualismo de vida individual e vida como gênero, de vida em sociedade burguesa e vida política; o homem se constitui como religioso, quando se comporta em relação à vida estatal, que se encontra além de sua individualidade real, como se esta fosse sua verdadeira vida; ele é religioso, na medida em que, nesse caso, a religião representa o espírito da sociedade burguesa, a expressão da divisão e do distanciamento entre as pessoas. A democracia política é cristã pelo fato de que nela o homem – não apenas um homem, mas cada homem – é considerado um ente *soberano*, o ente supremo, ainda que seja o homem em sua manifestação inculta, não social, o homem em sua existência casual, o homem assim como está, o homem do seu jeito corrompido pela organização de toda a nossa sociedade, perdido para si mesmo, alienado, sujeito à dominação por relações e elementos desumanos, em suma: o homem que não chegou a ser um ente genérico real. Na democracia, a quimera, o sonho, o postulado do cristianismo, ou seja, a soberania do homem, só que como ente estranho e distinto do homem real, tornou-se realidade, presença palpável, máxima secular.

Na democracia plenamente realizada, a própria consciência religiosa e teológica se considera tanto mais religiosa, tanto mais teológica, quanto mais aparenta ser destituída de relevância política, de propósitos terrenos, quanto mais aparenta ser um assunto do espírito avesso ao mundo, expressão da mentalidade estreita, produto da arbitrariedade e da fantasia, quanto mais for uma vida realmente transcendente. O cristianismo chega à expressão *prática* de sua relevância religiosa universal ao agrupar lado a lado as mais distintas cosmovisões na forma do cristianismo, e não só isso: ao passar a nem mesmo colocar aos outros a exigência de seguir o cristianismo, mas apenas a religião em termos gerais, qualquer religião (cf. o escrito de Beaumont anteriormente mencionado). A consciência religiosa se deleita com a riqueza dos antagonismos religiosos e da pluralidade religiosa.

Demonstramos, portanto, que a emancipação política em relação à religião permite que a religião subsista, ainda que já não se trate de uma religião privilegiada. A contradição em que se encontra o adepto de uma religião em particular com sua cidadania é apenas uma *parte* da *contradição secular universal entre o Estado político e a sociedade burguesa*. A realização plena do Estado cristão constitui o Estado que se professa como Estado e abstrai da religião de seus membros. A emancipação do Estado em relação à religião não é a emancipação do homem real em relação à religião.

Não estamos, portanto, dizendo aos judeus, como faz Bauer: vós não podeis vos tornar politicamente emancipados sem vos emancipar radicalmente do judaísmo. Estamos lhes dizendo, antes: pelo fato de poderdes vos emancipar politicamente sem vos desvincular completa e irrefutavelmente do judaísmo, a *emancipação política* não é por si mesma *a emancipação humana*. Se vós, judeus, quereis vos emancipar politicamente sem vos emancipar em termos humanos, então a parcialidade e a contradição não se acham apenas em vós, mas também na *essência* e na *categoria* da emancipação política. Estando envolvidos nessa categoria, compartilhais um envolvimento universal. Assim como o Estado *evangeliza* quando, na qualidade de Estado, comporta-se como cristão para com o judeu, assim o judeu *politiza* quando, na qualidade de judeu, reivindica direitos de cidadão.

Mas se ao homem, na qualidade de judeu, for possibilitado tornar-se politicamente emancipado e receber os direitos de cidadão, ele poderia reivindicar e receber também os assim chamados direitos humanos? Bauer contesta isso.

> "A pergunta é se o judeu como tal, isto é, o judeu que admite ser forçado por sua verdadeira essência a viver eternamente segregado dos demais, seria capaz de acolher e conceder aos demais *os direitos humanos universais*."

> "A ideia dos direitos humanos só foi revelada ao mundo cristão no século passado. Ela não é inerente ao homem, sendo, antes, conquistada na luta contra as tradições históricas em que o homem vem sendo educado até agora. Assim, os direitos humanos não são um presente da natureza, nenhum dote da história pregressa, mas o prêmio da luta contra o caráter fortuito do nascimento e contra os privilégios que a história legou de geração para geração até o presente momento. Eles são o resultado da formação, e só quem os conquistou e mereceu para si pode possuí-los."

> "Diante disso, o judeu pode realmente tomar posse deles? Enquanto ele for judeu, a essência limitada que faz dele um judeu necessariamente será vitoriosa contra a essência humana que deveria vinculá-lo como homem aos demais homens e o separará dos não judeus. Por meio dessa separação, ele declara que a essência particular que faz dele um judeu constitui sua verdadeira essência suprema, diante da qual a essência humana deve retroceder."

"Do mesmo modo, o cristão como cristão não pode conceder quaisquer direitos humanos" (p. 19, 20).

De acordo com Bauer, o homem deve renunciar ao *"privilégio da fé"* para poder acolher os direitos humanos universais. Observemos por um momento os assim chamados direitos humanos, mais precisamente os direitos humanos sob sua forma autêntica, ou seja, sob a forma que eles assumem entre *seus descobridores*, entre os norte-americanos e franceses! Esses direitos humanos são em parte direitos *políticos*, direitos que são exercidos somente em comunhão com outros. O seu conteúdo é constituído pela *participação* na *comunidade*, mais precisamente na comunidade *política*, no *sistema estatal*. Eles são classificados sob a categoria da liberdade política, sob a categoria dos *direitos do cidadão*, os quais, como vimos, de modo algum pressupõem a superação positiva e irrefutável da religião, e, portanto, inclusive por exemplo do judaísmo. Resta, então, analisar a outra parte dos direitos humanos, os *droits de l'homme* [direitos do homem], na medida em que são distintos dos *droits du citoyen* [direitos do cidadão].

Entre eles se encontra a liberdade de consciência, o direito de praticar qualquer culto. O *privilégio da fé* é expressamente reconhecido, quer seja como *direito humano* ou como consequência de outro direito humano, a liberdade.

Déclaration des droits de l'homme et du citoyen [Declaração dos direitos do homem e do cidadão], 1791, artigo 10. "Nul ne doit être inquiété pour ses opinions même religieuses."[11] No *titre 1* da Constituição de 1791 é garantido como direito humano: "La liberté à tout homme d'exercer le *culte religieux* au quel il est attaché."[12]

Déclaration des droits de l'homme etc., 1793, enumera entre os direitos humanos, artigo 7: "Le libre exercice des cultes"[13]. Em relação ao direito de publicar suas ideias e opiniões, congregar-se, praticar seu culto, chega-se a dizer até mesmo o seguinte: "La nécessité d'énoncer ces *droits* suppose ou la présence ou le souvenir récent du despotisme"[14]. Compare-se com a Constituição de 1795, *titre* XIV, *artigo* 354.

Constitution de Pensylvanie, artigo 9, § 3: "Tous les hommes ont reçu de la nature le droit imprescriptible d'adorer le Tout-Puissant selon les inspirations de leur conscience, et nul ne peut légalement être contraint de suivre, instituer ou soutenir contre son gré aucun culte au ministère religieux. Nulle autorité humaine ne peut, dans aucun cas, intervenir dans les questions de conscience et contrôler les pouvoirs de l'âme"[15].

---

[11] "Ninguém pode ser incomodado por causa de suas opiniões, mesmo religiosas." (N. T.)

[12] "A liberdade a todo homem de praticar o *culto religioso* do qual é adepto." (N. T.)

[13] "O livre exercício dos cultos." (N. T.)

[14] "A necessidade de enunciar *estes direitos* supõe ou a presença ou a lembrança recente do despotismo." (N. T.)

[15] "Todos os homens receberam da natureza o direito independente de orar ao Todo-Poderoso segundo as inspirações de sua consciência, e ninguém pode ser forçado com base

Constitution de New-Hampshire, artigos 5 e 6: "Au nombre des droits naturels, quelques-uns sont inaliénables de leur nature, parce que rien n'en peut être l'équivalent. De ce nombre sont les *droits* de conscience" (Beaumont, loc. cit., p. 213-4).[16]

A incompatibilidade entre religião e direitos humanos está tão longe do horizonte dos direitos humanos que o direito *de ser religioso*, e de ser religioso da maneira que se achar melhor, de praticar o culto de sua religião particular é, antes, enumerado expressamente entre os direitos humanos. O *privilégio da fé* é um *direito humano universal*.

Os *droits de l'homme*, os direitos humanos, são diferenciados *como tais* dos *droits du citoyen*, dos direitos do cidadão. Quem é esse *homme* que é diferenciado do *citoyen*? Ninguém mais ninguém menos que o *membro da sociedade burguesa*. Por que o membro da sociedade burguesa é chamado de "homem", pura e simplesmente, e por que os seus direitos são chamados de *direitos humanos*? A partir de que explicaremos esse fato? A partir da relação entre o Estado político e a sociedade burguesa, a partir da essência da emancipação política.

Antes de tudo constatemos o fato de que os assim chamados *direitos humanos*, os *droits de l'homme*, diferentemente dos *droits du citoyen*, nada mais são do que os direitos do *membro da sociedade burguesa*, isto é, do homem egoísta, do homem separado do homem e da comunidade. A Constituição mais radical, a Constituição de 1793, chega a afirmar:

Déclaration des droits de l'homme et du citoyen.
Artigo 2: "Ces droits etc. [les droits naturels et imprescriptibles] sont l'*égalité*, la *liberté*, la *sûreté* et la *propriété*".[17]

Em que consiste a *liberté*?

Artigo 6: "La liberté est le pouvoir qui appartient à l'homme de faire tout ce qui ne nuit pas aux droits d'autrui"[18], ou conforme a *Declaração dos direitos humanos* de 1791: "La liberté consiste à pouvoir faire tout ce qui ne nuit pas à autrui".[19]

---

na lei a professar contra a sua vontade qualquer culto ou ofício divino, introduzi-los ou apoiá-los. Em hipótese nenhuma, qualquer autoridade humana pode interferir em questões de consciência nem exercer controle sobre as forças da alma." (N. T.)

[16] "Entre os direitos naturais há alguns que, por sua natureza, são inalienáveis, porque não poderiam ser substituídos por nada que lhes seja equivalente. Entre eles estão *os direitos* de consciência." Gustave de Beaumont, *Marie ou l'esclavage aux États-Unis*, cit., p. 213-4. (N. T.)

[17] "Estes direitos etc. [os direitos naturais e imprescritíveis] são a: *igualdade, a liberdade, a segurança e a propriedade*." (N. T.)

[18] "A liberdade é o poder que pertence ao homem de fazer tudo quanto não prejudica os direitos do próximo." (N. T.)

[19] "A liberdade consiste em poder fazer tudo que não prejudica a nenhum outro." (N. T.)

A liberdade equivale, portanto, ao direito de fazer e promover tudo que não prejudique a nenhum outro homem. O limite dentro do qual cada um pode mover-se de modo *a não prejudicar* o outro é determinado pela lei do mesmo modo que o limite entre dois terrenos é determinado pelo poste da cerca. Trata-se da liberdade do homem como mônada isolada recolhida dentro de si mesma. Por que o judeu, segundo Bauer, é incapaz de acolher os direitos humanos?

> "Enquanto ele for judeu, a essência limitada que faz dele um judeu necessariamente será vitoriosa contra a essência humana que deveria vinculá-lo como homem aos demais homens e o separará dos não judeus."

No entanto, o direito humano à liberdade não se baseia na vinculação do homem com os demais homens, mas, ao contrário, na separação entre um homem e outro. Trata-se do direito a essa separação, o direito do indivíduo *limitado*, limitado a si mesmo.

A aplicação prática do direito humano à liberdade equivale ao direito humano à *propriedade privada*.

Em que consiste o direito humano à propriedade privada?

> *Artigo 16 (Constitution de 1793):* "Le droit de *propriété* est celui qui appartient à tout citoyen de jouir et de disposer à son gré de ses biens, de ses revenus, du fruit de son travail et de son industrie".[20]

O direito humano à propriedade privada, portanto, é o direito de desfrutar a seu bel prazer (*à son gré*), sem levar outros em consideração, independentemente da sociedade, de seu patrimônio e dispor sobre ele, é o direito ao proveito próprio. Aquela liberdade individual junto com esta sua aplicação prática compõem a base da sociedade burguesa. Ela faz com que cada homem veja no outro homem, não a realização, mas, ao contrário, a restrição de sua liberdade. Mas, acima de tudo, ela proclama o direito humano, "de jouir et de disposer à son gré de ses biens, de ses revenus, du fruit de son travail et de son industrie".

Restam ainda os outros direitos humanos, a *égalité* e a *sûreté*.

A *égalité*, aqui em seu significado não político, nada mais é que igualdade da *liberté* acima descrita, a saber: que cada homem é visto uniformemente como mônada que repousa em si mesma. A Constituição de 1795 define esse conceito de igualdade, fazendo justiça à sua relevância, nos seguintes termos:

> *Artigo 3 (Constitution de 1795):* "L'égalité consiste en ce que la loi est la même pour tous, soit qu'elle protège, soit qu'elle punisse".[21]

---

[20] "O direito de propriedade é aquele que pertence a todo cidadão de gozar e dispor à vontade de seus bens, rendas, fruto de seu trabalho e de sua indústria." (N. T.)

[21] "A igualdade consiste em que a lei é a mesma para todos, quer ela esteja protegendo, quer esteja punindo." (N. T.)

E a *sûreté*?

Artigo 8 (*Constitution de 1793*): "La sûreté consiste dans la protection accordée par la société à chacun de ses membres pour la conservation de sa personne, de ses droits et de ses propriétés".[22]

A segurança é o conceito social supremo da sociedade burguesa, o conceito da polícia, no sentido de que o conjunto da sociedade só existe para garantir a cada um de seus membros a conservação de sua pessoa, de seus direitos e de sua propriedade. Nesses termos, Hegel chama a sociedade burguesa de "Estado de emergência e do entendimento".

Através do conceito da segurança, a sociedade burguesa não se eleva acima do seu egoísmo. A segurança é, antes, a *asseguração* do seu egoísmo.

Portanto, nenhum dos assim chamados direitos humanos transcende o homem egoísta, o homem como membro da sociedade burguesa, a saber, como indivíduo recolhido ao seu interesse privado e ao seu capricho privado e separado da comunidade. Muito longe de conceberem o homem como um ente genérico, esses direitos deixam transparecer a vida do gênero, a sociedade, antes como uma moldura exterior ao indivíduo, como limitação de sua autonomia original. O único laço que os une é a necessidade natural, a carência e o interesse privado, a conservação de sua propriedade e de sua pessoa egoísta.

Fato deveras enigmático é ver um povo que mal está começando a se libertar, a derrubar todas as barreiras que separam os diversos membros do povo, a fundar uma comunidade política, é ver esse povo proclamar solenemente a legitimidade do homem egoísta, separado do semelhante e da comunidade (*Déclaration* de 1791), e até repetir essa proclamação no momento em que a única coisa que pode salvar a nação é a entrega mais heroica possível, a qual, por isso mesmo, é exigida imperativamente, no momento em que se faz constar na ordem do dia o sacrifício de todos os interesses da sociedade burguesa e em que o egoísmo precisa ser punido como crime (*Déclaration des droits de l'homme* etc. de 1793). Esse fato se torna ainda mais enigmático quando vemos que a cidadania, a *comunidade política*, é rebaixada pelos emancipadores à condição de mero meio para a conservação desses assim chamados direitos humanos e que, portanto, o *citoyen* é declarado como serviçal do *homme* egoísta; quando vemos que a esfera em que o homem se comporta como ente comunitário é inferiorizada em relação àquela em que ele se comporta como ente parcial; quando vemos, por fim, que não o homem como *citoyen*, mas o homem como *bourgeois* é assumido como o homem *propriamente dito* e *verdadeiro*.

"Le *but* de toute *association politique* est le *conservation* des droits naturels et imprescriptibles de l'homme"[23] (*Déclaration des droits* etc. de 1791, artigo 2).

---

[22] "A segurança consiste na proteção concedida pela sociedade a cada um dos seus membros para a conservação da sua pessoa, de seus direitos e de suas propriedades." (N. T.)

[23] "O *objetivo de toda associação política* é a *conservação* dos direitos do homem naturais e imprescritíveis." (N. T.)

"Le *gouvernement* est institué pour garantir à l'homme la jouissance de ses droits naturels et imprescriptibles"[24] (*Déclaration* etc. de 1793, artigo 1).

Portanto, até mesmo nos momentos do seu entusiasmo juvenil levado ao extremo pela pressão das circunstâncias, a vida política se declara como um simples *meio*, cujo fim é a vida da sociedade burguesa. É verdade que sua práxis revolucionária se encontra em flagrante contradição com a sua teoria. No mesmo momento em que, p. ex., a segurança é declarada como um direito humano, põe-se a violação do sigilo da correspondência publicamente na ordem do dia. No mesmo momento em que a "liberté *indéfinie* de la presse" [liberdade *irrestrita* de imprensa] (*Constitution de 1793,* artigo 122) é garantida como consequência do direito humano à liberdade individual, a liberdade de imprensa é totalmente anulada, pois "la liberté de la presse ne doit pas être permise lorsqu'elle compromet la liberté publique"[25] (Robespierre jeune, "Histoire parlementaire de la Révolution Française", Buchez et Roux, v. 28, p. 159); isto quer dizer, portanto, que o direito humano à liberdade deixa de ser um direito assim que entra em conflito com a vida *política*, ao passo que pela teoria a vida política é tão somente a garantia dos direitos humanos, dos direitos do homem individual e, portanto, deve ser abandonada assim que começa a entrar em contradição com os seus *fins*, com esses direitos humanos. Porém, a práxis é apenas a exceção, a teoria é a regra. Mas mesmo que encarássemos a própria práxis revolucionária como o posicionamento correto frente à questão, ainda restaria resolver este enigma: por que na consciência dos emancipadores políticos a relação está posta de cabeça para baixo, de modo que o fim aparece como meio e o meio como fim? Essa ilusão de ótica de sua consciência ainda seria o mesmo enigma, ainda que nesse caso um enigma teórico, psicológico.

A solução desse enigma é simples.

A emancipação política representa concomitantemente a *dissolução* da sociedade antiga, sobre a qual está baseado o sistema estatal alienado do povo, o poder do soberano. A revolução política é a revolução da sociedade burguesa. Qual era o caráter da sociedade antiga? Uma palavra basta para caracterizá-la: a feudalidade. A sociedade burguesa antiga possuía um caráter *político imediato*, isto é, os elementos da vida burguesa, como, p. ex., a posse ou a família ou o modo do trabalho, foram elevados à condição de elementos da vida estatal nas formas da suserania, do estamento e da corporação. Nessas formas, eles determinavam a relação de cada indivíduo com *a totalidade do Estado*, ou seja, sua relação *política*, ou seja, sua relação de separação e exclusão dos demais componentes da sociedade. Aquela organização da vida nacional de fato não elevou a posse ou o trabalho à condição de elementos sociais, mas, ao contrário, completou sua *separação* da totalidade

---

[24] "O governo é instituído para garantir ao homem o gozo destes direitos naturais e imprescritíveis." (N. T.)

[25] "a liberdade de imprensa não pode ser permitida quando fere a liberdade universal." (N. T.)

do Estado e os constituiu em sociedades *particulares* dentro da sociedade. Entretanto, as funções vitais e as condições de vida da sociedade burguesa permaneciam sendo políticas, ainda que no sentido da feudalidade, isto é, elas excluíam o indivíduo da totalidade do Estado, transformavam a relação *particular* de sua corporação com a totalidade do Estado em sua própria relação universal com a vida nacional, assim como transformava sua atividade e situação burguesa específica em sua atividade e situação universal. Como consequência necessária dessa organização, a unidade do Estado, assim como o poder universal do Estado, que constitui a consciência, a vontade e a atividade da unidade do Estado, manifestam-se como assunto *particular* de um soberano e de seus serviçais, separados do povo.

A revolução política que derrubou esse poder do soberano e alçou os assuntos de Estado à condição de assuntos de toda a nação, que constituiu o Estado político como assunto *universal*, isto é, como Estado real, desmantelou forçosamente o conjunto dos estamentos, corporações, guildas, privilégios, que eram outras tantas expressões da separação entre o povo e seu sistema comunitário. Desse modo, a revolução política *superou* o *caráter político da sociedade burguesa*. Ela decompôs a sociedade burguesa em seus componentes mais simples, ou seja, nos *indivíduos*, por um lado, e, por outro, nos elementos *materiais e espirituais* que compõem o teor vital, a situação burguesa desses indivíduos. Ela desencadeou o espírito político que estava como que fragmentado, decomposto, disperso nos diversos becos sem saída da sociedade feudal; ela o congregou a partir dessa dispersão, depurou-o da sua mistura com a vida burguesa e o constituiu como a esfera do sistema comunitário, da questão *universal* do povo com independência ideal em relação àqueles elementos *particulares* da vida burguesa. A atividade vital específica e a situação vital específica foram reduzidas a uma importância apenas individual. Elas não mais constituíam a relação universal do indivíduo com a totalidade do Estado. A questão pública como tal se tornou, antes, a questão universal de cada indivíduo e a função política se tornou uma função universal.

Só que a realização plena do idealismo do Estado representou concomitantemente a realização plena do materialismo da sociedade burguesa. O ato de sacudir de si o jugo político representou concomitantemente sacudir de si as amarras que prendiam o espírito egoísta da sociedade burguesa. A emancipação política representou concomitantemente a emancipação da sociedade burguesa em relação à política, até em relação à *aparência* de um teor universal.

A sociedade feudal foi dissolvida em seu fundamento, no homem, só que no tipo de homem que realmente constituía esse fundamento, no homem *egoísta*.

Esse *homem*, o membro da sociedade burguesa, passa a ser a base, o pressuposto do Estado político. Este o reconhece como tal nos direitos humanos.

No entanto, a liberdade do homem egoísta e o reconhecimento dessa liberdade constituem, antes, o reconhecimento do movimento *desenfreado* dos elementos espirituais e materiais que constituem seu teor vital.

Sobre a questão judaica

Consequentemente o homem não foi libertado da religião. Ele ganhou a liberdade de religião. Ele não foi libertado da propriedade. Ele ganhou a liberdade de propriedade. Ele não foi libertado do egoísmo do comércio. Ele ganhou a liberdade de comércio.

A *constituição do Estado político* e a dissolução da sociedade burguesa nos *indivíduos* independentes – cuja relação é baseada no direito, assim como a relação do homem que vivia no estamento e na guilda era baseada no *privilégio* – se efetiva *em um só e mesmo ato*. O homem, na qualidade de membro da sociedade burguesa, o homem *apolítico*, necessariamente se apresenta então como o homem *natural*. Os *droits de l'homme* se apresentam como *droits naturels*, pois a *atividade consciente* se concentra no *ato político*. O homem *egoísta* é o resultado *passivo*, que simplesmente *está dado*, da sociedade dissolvida, objeto da *certeza imediata*, portanto, objeto *natural*. A *revolução política* decompõe a vida burguesa em seus componentes sem revolucionar esses mesmos componentes nem submetê-los à crítica. Ela encara a sociedade burguesa, o mundo das necessidades, do trabalho, dos interesses privados, do direito privado, como o *fundamento de sua subsistência*, como um *pressuposto* sem qualquer fundamentação adicional, e, em consequência, como sua *base natural*. Por fim, o homem na qualidade de membro da sociedade burguesa é o que vale como o homem *propriamente dito*, como o *homme* em distinção ao *citoyen*, porque ele é o homem que está mais próximo de sua existência sensível individual, ao passo que o homem *político* constitui apenas o homem abstraído, artificial, o homem como pessoa *alegórica, moral*. O homem real só chega a ser reconhecido na forma do indivíduo *egoísta*, o homem *verdadeiro*, só na forma do *citoyen abstrato*.

A abstração do homem político é descrita acertadamente por Rousseau da seguinte maneira:

"Celui qui ose entreprendre d'instituer un peuple doit se sentir en état de *changer* pour ainsi dire la *nature humaine*, de *transformer* chaque individu, qui par lui-même est un tout parfait et solitaire, en partie d'un plus grand tout dont cet individu reçoive en quelque sorte sa vie et son être, [...] de substituer une *existence partielle morale* à l'existence physique et indépendante. Il faut qu'il ôte à *l'homme ses forces propres* pour lui en donner qui lui soient étrangères et dont il ne puisse faire usage sans le secours d'autrui"[26] ("Contrat Social", livre II, Londres, 1782, p. 67).

---

[26] "Aquele que ousa empreender a instituição de um povo deve sentir-se com capacidade para, por assim dizer, *mudar* a natureza humana, *transformar* cada indivíduo, que por si mesmo é um todo perfeito e solitário, em *parte* de um todo maior, do qual de certo modo esse indivíduo recebe sua vida e seu ser, [...] substituir a existência física e independente por *uma existência parcial e moral*. Em uma palavra, é preciso que destitua *o homem de suas próprias forças* para lhe dar outras que lhe sejam estranhas e das quais não possa fazer uso sem socorro alheio", em Jean-Jacques Rousseau, *Do contrato social: ensaio sobre a origem das línguas* (trad. Lurdes Santos Machado, São Paulo, Nova Cultural, 1997, v. I, Coleção Os Pensadores), p. 110. (N. T.)

Karl Marx

Toda emancipação é *redução* do mundo humano e suas relações ao *próprio homem.*

A emancipação política é a redução do homem, por um lado, a membro da sociedade burguesa, a indivíduo egoísta independente, e, por outro, a *cidadão*, a pessoa moral.

Mas a emancipação humana só estará plenamente realizada quando o homem individual real tiver recuperado para si o cidadão abstrato e se tornado *ente genérico* na qualidade de homem individual na sua vida empírica, no seu trabalho individual, nas suas relações individuais, quando o homem tiver reconhecido e organizado suas *"forces propres"* [forças próprias] como forças *sociais* e, em consequência, não mais separar de si mesmo a força social na forma da força *política*.

II

BRUNO BAUER, "DIE FÄHIGKEIT DER HEUTIGEN JUDEN UND CHRISTEN, FREI ZU WERDEN" [A CAPACIDADE DOS ATUAIS JUDEUS E CRISTÃOS DE SE TORNAREM LIVRES][27]

(Einundzwanzig Bogen, p. 56-71)

É nessa forma que Bauer trata da relação entre a *religião judaica e a religião cristã*, bem como da relação entre as duas e a crítica. Sua relação para com a crítica equivale à sua relação "para com a capacidade de se tornar livre".

O resultado é este:

"O cristão só tem um degrau a galgar, a saber, a sua religião, para renunciar a toda e qualquer religião", ou seja, tornar-se livre, "o judeu, em contrapartida, precisa romper não só com sua essência judaica, mas também com o desenvolvimento que leva à realização plena de sua religião, com um desenvolvimento que permaneceu estranho a ele" (p. 71).

---

[27] Nesta parte, a indicação de número de páginas entre parênteses feita por Marx no texto refere-se ao artigo de Bauer citado no título (*Einundzwanzig Bogen aus der Schweiz*, ed. por Georg Herwegh. Zürich e Winterthur, n. 5, p. 56-71, 1843).

Sobre a questão judaica

Nessa passagem, Bauer transforma, portanto, a questão da emancipação dos judeus em uma questão puramente religiosa. O escrúpulo teológico que pergunta qual dos dois, o judeu ou o cristão, tem chance de tornar-se bem-aventurado repete-se agora na formulação mais esclarecida que pergunta qual dos dois é *mais capaz de se emancipar*? A pergunta não é mais: qual dos dois liberta, o judaísmo ou o cristianismo?, e sim o inverso: o que torna mais livre, a negação do judaísmo ou a negação do cristianismo?

> "Se os judeus quiserem se tornar livres, eles não devem professar o cristianismo, mas o cristianismo dissolvido, a religião como tal dissolvida, isto é, o Iluminismo, a crítica e seu resultado, a humanidade livre" (p. 70).

Ainda se trata de uma profissão de fé que o judeu tem de fazer, não mais a profissão pelo cristianismo, mas pelo cristianismo dissolvido. Bauer confronta o judeu com a exigência de romper com a essência da religião cristã, uma exigência que, como ele próprio diz, não se origina do desenvolvimento da essência judaica.

Já que, na conclusão da questão judaica, Bauer havia compreendido o judaísmo apenas como a crítica religiosa tosca ao cristianismo, tendo, portanto, extraído dele uma importância "apenas" religiosa, era de se esperar que também a emancipação dos judeus fosse transformar-se em um ato teológico-filosófico.

Bauer compreende a essência abstrata *idealizada* do judeu, sua *religião*, como *a totalidade* de sua essência. Sendo assim, ele conclui com toda razão: "O judeu nada aporta à humanidade ao desprezar para si mesmo a sua lei limitada", ao abolir todo o seu judaísmo (p. 65).

Por conseguinte, a relação entre judeus e cristãos passa a ser esta: o único interesse do cristão na emancipação do judeu é o interesse geral de cunho humano, um interesse *teórico*. O judaísmo constitui um fato ofensivo ao olhar religioso do cristão. No momento em que seu olhar deixa de ser religioso, o fato deixa de ser ofensivo. A emancipação do judeu não é propriamente tarefa do cristão.

O judeu, em contrapartida, para se libertar, deve realizar, não apenas a sua própria tarefa, mas também e ao mesmo tempo a tarefa do cristão, a "crítica aos sinóticos" e à "vida de Jesus" etc.

> "Eles próprios têm de ver como fazer isso: eles ditarão para si mesmos seu destino; mas a história não permite que zombem dela" (p. 71).

Tentaremos romper com a formulação teológica da questão. A pergunta pela capacidade de emancipação do judeu se transforma para nós na seguinte pergunta: qual é o elemento social específico a ser superado para abolir o judaísmo? Pois a capacidade de emancipação do judeu moderno equivale à relação do judaísmo com a emancipação do mundo moderno. Essa relação resulta necessariamente da posição especial assumida pelo judaísmo no atual mundo escravizado.

Observemos o judeu secular real, *o judeu cotidiano*, não *o judeu sabático*, como faz Bauer.

Não procuremos o mistério do judeu em sua religião; procuremos, antes, o mistério da religião no judeu real.

Qual é o fundamento secular do judaísmo? A necessidade *prática*, o *interesse próprio*.

Qual é o culto secular do judeu? O *negócio*. Qual é o seu deus secular? O *dinheiro*.

Agora sim! A emancipação em relação ao *negócio* e ao *dinheiro*, portanto, em relação ao judaísmo prático, real, seria a autoemancipação da nossa época.

Uma organização da sociedade que superasse os pressupostos do negócio, portanto, a possibilidade do negócio, teria inviabilizado o judeu. Sua consciência religiosa se dissiparia como uma névoa insossa na atmosfera da vida real da sociedade. Em contrapartida, quando o judeu reconhece que essa sua essência *prática* é nula e coopera para sua superação, está cooperando, a partir de seu desenvolvimento até o presente, para *a emancipação humana pura e simples* e se voltando contra a *suprema* expressão *prática* da autoalienação humana.

Identificamos, portanto, no judaísmo um elemento *antissocial* universal *da atualidade*, que o desenvolvimento histórico, cujo aspecto perverso os judeus fomentaram diligentemente, encarregou-se de levar à sua atual culminância, na qual ele necessariamente se dissolverá.

A *emancipação do judeu* equivale, em última análise, à emancipação da humanidade em relação ao *judaísmo*.

O judeu já se emancipou à maneira judaica.

"O judeu que, p. ex., é apenas tolerado em Viena, determina pelo seu poder financeiro o destino de todo o império. O judeu, que no menor dos Estados alemães estaria destituído de direitos, decide sobre o destino da Europa. Enquanto as corporações e associações se fecham para o judeu ou não estão inclinadas a admiti-lo, a audácia da indústria zomba da renitência dos institutos medievais" (B. Bauer, *Judenfrage*, p. 114).

Não se trata de um fato isolado. O judeu se emancipou à maneira judaica, não só por ter se apropriado do poder financeiro, mas porque, com ou sem ele, *o dinheiro* assumiu o poder sobre o mundo e o espírito prático do judeu se tornou o espírito prático dos povos cristãos. Os judeus se emanciparam na mesma proporção em que os cristãos se tornaram judeus. O coronel Hamilton, p. ex., relata o seguinte:

"O morador piedoso e politicamente livre da Nova Inglaterra é uma espécie de Laocoonte que não faz o menor esforço para se livrar das serpentes que o constringem. Mâmon é seu ídolo, e eles o adoram não só com os lábios, mas também com todas as energias do seu corpo e de seu espírito. Aos seus olhos a terra nada mais é que uma bolsa de dinheiro, e estão plenamente convictos de não terem outra destinação aqui em baixo além de ficarem mais ricos do que seus vizinhos. O negócio se apoderou de todos os seus pensamentos, sua única distração consiste na alternância entre os objetos do mesmo. Quando viajam carregam, por assim dizer, suas bugigangas ou sua loja nas costas e não falam de outra coisa além de juros e lucro. Se desviarem os olhos por um instante de seus negócios, isso ocorre tão somente para bisbilhotarem os dos outros."

De fato, a dominação prática do judaísmo sobre o mundo cristão atingiu na América do Norte sua expressão normal e bem precisa, ou seja, a própria *proclamação do evangelho* e o ministério cristão se transformaram em artigo de comércio, e o mercador falido negocia com o evangelho do mesmo modo que o evangelista enriquecido investe dinheiro em seus negócios.

"Tel que vous le voyez à la tête d'une congrégation respectable a commencé par être marchand; son commerce étant tombé, il s'est fait ministre; cet autre a débuté par le sacerdoce, mais dès qu'il a eu quelque somme d'argent à la disposition, il a bissé la chaire pour le négoce. Aux yeux d'un grand nombre, le ministère religieux est une véritable carrière industrielle"[28] (Beaumont, l. c., p. 185-6).

De acordo com Bauer, trata-se

"de um falso estado de coisas, o judeu ser privado na teoria dos direitos políticos, mas na práxis possuir um poder tremendo, ou exercer sua influência política *en gros* quando esta lhe é restringida no *détail*" (*Judenfrage*, p. 114).

A discrepância que existe entre o poder político prático do judeu e seus direitos políticos equivale à discrepância entre a política e o poder financeiro de modo geral. Enquanto na ideia aquela se encontra acima deste, de fato se tornou sua serva.

O judaísmo se manteve *ao lado* do cristianismo, não só como crítica religiosa ao cristianismo, não só como dúvida incorporada quanto à origem religiosa do cristianismo, mas na mesma medida porque o espírito prático judaico se manteve, porque o judaísmo se manteve na própria sociedade cristã e inclusive atingiu nesta o ponto alto de seu desenvolvimento. O judeu, que figura como membro particular na sociedade burguesa, constitui tão somente uma manifestação particular do judaísmo da sociedade burguesa.

O judaísmo não se conservou apesar da história, e sim através da história.

É das suas próprias entranhas que a sociedade burguesa gera continuamente o judeu.

---

[28] "Aquele que vedes à testa de uma respeitável congregação começou como mercador; como seu negócio fracassou, ele se tornou clérigo; esse outro começou pelo ministério sacerdotal, mas assim que pôde dispor de uma certa soma em dinheiro, trocou o púlpito pelo negócio. Aos olhos da grande maioria, o ministério religioso é uma verdadeira carreira profissional." (N. T.)

Karl Marx

Qual foi em si e para si a base da religião judaica? A necessidade prática, o egoísmo.

Em consequência disso, o monoteísmo do judeu é, na realidade, o politeísmo das muitas necessidades, um politeísmo que faz até da latrina um objeto da lei divina. A *necessidade prática, o egoísmo*, é o princípio da *sociedade burguesa* e se manifestará em sua forma pura no momento em que a sociedade burguesa tiver terminado de gerar o Estado político. O deus *da necessidade prática e do interesse próprio* é o dinheiro.

O dinheiro é o deus zeloso de Israel, diante do qual não pode subsistir nenhum outro. O dinheiro humilha todos os deuses do homem – e os transforma em mercadoria. O dinheiro é o *valor* universal de todas as coisas, constituído em função de si mesmo. Em consequência, ele despojou o mundo inteiro, tanto o mundo humano quanto a natureza, de seu valor singular e próprio. O dinheiro é a essência do trabalho e da existência humanos, alienada do homem; essa essência estranha a ele o domina e ele a cultua.

O Deus dos judeus se secularizou e se tornou o Deus do mundo. A letra de câmbio é o deus real do judeu. Seu deus não passa de uma letra de câmbio ilusória.

A visão que se obtém da natureza sob a dominação da propriedade privada e do dinheiro é o desprezo real, a degradação prática da natureza, que de fato se pode constatar na religião judaica, ainda que apenas em forma de ilusão.

Nesse sentido, Thomas Müntzer afirma ser insuportável

"que toda criatura tenha sido transformada em propriedade, os peixes na água, as aves no ar, as plantas na terra – também a criatura dever tornar-se livre".

O que na religião judaica se encontra de modo abstrato, o desprezo pela teoria, pela arte, pela história, pelo homem como fim em si mesmo, constitui a perspectiva *consciente e real*, a virtude do homem do dinheiro. A própria relação de gênero, a relação entre homem e mulher etc., torna-se um objeto de comércio! A mulher é negociada.

A nacionalidade *quimérica* do judeu é a nacionalidade do mercador, do homem do dinheiro de modo geral.

A lei sem fundamento do judeu não passa de uma caricatura religiosa da moralidade e do direito sem fundamento em geral, dos ritos meramente *formais* de que se cercou o mundo do interesse próprio.

Também nesse ponto a relação suprema do homem é a relação *legal*, a relação com leis que vigoram para ele, não por serem leis oriundas de sua própria vontade e essência, mas porque elas *regem* e porque a apostasia em relação a elas é vingada.

O jesuitismo judaico, o mesmo jesuitismo prático que Bauer demonstra estar presente no Talmude, equivale à relação entre o mundo do interesse próprio e as leis que o regem, sendo que burlar essas leis com esperteza constitui a arte maior desse mundo.

Sobre a questão judaica

De fato, o movimento desse mundo no âmbito de suas leis equivale necessariamente a uma constante invalidação da lei.

O *judaísmo* não continuou a se desenvolver como *religião*, não conseguiu prosseguir em seu desenvolvimento teórico, porque a cosmovisão da necessidade prática por sua própria natureza é acanhada e se esgota em poucos traços.

A religião da necessidade prática, por sua essência, não foi capaz de chegar à sua realização plena na teoria, mas tão somente na *práxis*, justamente porque sua verdade é a práxis.

O judaísmo não foi capaz de criar um mundo novo; ele conseguiu tão somente atrair as novas criações e novas relações que surgiram no mundo para o âmbito de sua laboriosidade, porque a necessidade prática, cuja inteligência é o interesse próprio, comporta-se passivamente e não se expande a bel-prazer, mas se *encontra* já expandido com o desenvolvimento continuado das condições sociais.

O judaísmo atinge o seu ponto alto com a realização plena da sociedade burguesa; mas a sociedade burguesa só se realiza plenamente no mundo *cristão*. Somente sob a dominação do cristianismo, que torna *todas* as relações nacionais, naturais, morais e teóricas *exteriores* ao homem, a sociedade burguesa foi capaz de separar-se completamente da vida do Estado, romper todos os laços que prendiam o homem ao seu gênero, substituir esses laços de gênero pelo egoísmo, pela necessidade egocêntrica e dissolver o mundo humano em um mundo de indivíduos atomizados, que se hostilizam mutuamente.

O cristianismo se originou do judaísmo. Ele voltou a dissolver-se no judaísmo.

O cristão foi, desde o princípio, o judeu teorizador; por conseguinte, o judeu é o cristão prático, e o cristão prático se tornou de novo judeu.

O cristianismo suplantou o judaísmo real apenas na aparência. Ele era muito *refinado*, muito espiritualista, para conseguir eliminar a crueza da necessidade prática de outro modo do que recorrendo ao expediente de elevá-la às alturas do céu.

O cristianismo é a ideia sublime do judaísmo, o judaísmo é a aplicação ordinária do cristianismo; essa aplicação, todavia, só pôde se tornar universal depois que o cristianismo, como religião madura, havia realizado plenamente *na teoria* a autoalienação do homem em relação a si e à natureza.

Só então o judaísmo pôde chegar à dominação universal e fazer do homem alienado e da natureza alienada objetos *alienáveis*, vendáveis, sujeitos à servidão da necessidade egoísta e do negócio.

O ato de vender constitui a práxis da alienação. Enquanto o homem estiver religiosamente tolhido, só conseguirá reificar sua essência, transformando-a em uma essência fantástica e *estranha a ele*; do mesmo modo, sob a dominação da necessidade egoísta, ele só conseguirá exercer uma atividade prática, produzir objetos na prática, colocando seus produtos, assim como sua atividade, sob a dominação de uma essência estranha a eles e emprestando-lhes a importância de um ser estranho a eles – o dinheiro.

O egoísmo cristão da bem-aventurança, ao realizar-se plenamente na práxis, converte-se necessariamente no egoísmo físico do judeu, a necessidade celeste se converte na terrena, o subjetivismo, no proveito próprio. Não explicamos a tenacidade do judeu a partir de sua religião, e sim, antes, a partir do fundamento humano de sua religião, a partir da necessidade prática, do egoísmo.

A essência real do judeu realizou-se, secularizou-se de modo geral na sociedade burguesa; por essa razão, a sociedade burguesa não logrou convencer o judeu da *irrealidade* de sua essência *religiosa*, que é justamente a mera visão idealizada da necessidade prática. Portanto, não é só no Pentateuco ou no Talmude, é na sociedade atual que encontramos a essência do judeu moderno, não como uma essência abstrata, mas como essência empírica no mais alto grau, não só como limitação do judeu, mas como a limitação judaica da sociedade.

No momento em que a sociedade conseguir superar a essência *empírica* do judaísmo, o negócio e seus pressupostos, o judeu terá se tornado *inviável*, porque sua consciência não terá mais nenhum objeto, porque a base subjetiva do judaísmo, a necessidade prática, terá sido humanizada, porque o conflito entre a existência sensível individual e a existência do gênero terá sido superado.

A emancipação *social* do judeu equivale à emancipação *da sociedade em relação ao judaísmo.*

CARTAS DOS
ANAIS FRANCO-ALEMÃES

(De Marx a Ruge)

Ein Briefwechsel von 1843.

M. an R.

Auf der Treckschuit nach D. im März 1843.

Ich reise jetzt in Holland. So viel ich aus den hiesigen und französischen Zeitungen sehe, ist Deutschland tief in den Dreck hineingeritten und wird es noch immer mehr. Ich versichere Sie, wenn man auch nichts weniger als Nationalstolz fühlt, so fühlt man doch Nationalscham, sogar in Holland. Der kleinste Holländer ist noch ein Staatsbürger gegen den grössten Deutschen. Und die Urtheile der Ausländer über die preussische Regierung! Es herrscht eine erschreckende Uebereinstimmung, niemand täuscht sich mehr über dies System und seine einfache Natur. Etwas hat also doch die neue Schule genützt. Der Prunkmantel des Liberalismus ist gefallen und der widerwärtigste Despotismus steht in seiner ganzen Nacktheit vor aller Welt Augen.

Das ist auch eine Offenbarung, wenn gleich eine umgekehrte. Es ist eine Wahrheit, die uns zum wenigsten die Hohlheit unsers Patriotismus, die Unnatur unsers Staatswesens kennen und unser Angesicht verhüllen lehrt. Sie sehen mich lächelnd an und fragen, was ist damit gewonnen? Aus Scham macht man keine Revolution. Ich antworte: die Scham ist schon eine Revolution; sie ist wirklich der Sieg der französischen Revolution über den deutschen Patriotismus, durch den sie 1813 besiegt wurde. Scham ist eine Art Zorn, der in sich gekehrte. Und wenn eine ganze Nation sich wirklich schämte, so wäre sie der Löwe, der sich zum Sprunge in sich zurückzieht. Ich gebe zu, sogar die Scham ist in Deutschland noch nicht vorhanden; im Gegentheil, diese Elenden sind noch Patrioten. Welches System sollte ihnen aber den Patriotismus austreiben, wenn nicht dieses lächerliche des neuen Ritters? Die Komödie des Despotismus, die mit uns aufgeführt wird, ist für ihn eben so gefährlich, als es einst den Stuarts und Bourbonen die

Carta de Marx a Arnold Ruge (1802-1880),
publicada no número duplo dos *Anais Franco-Alemães*.

M. a R. [Marx a Ruge]

Na *Treckschuit*[1] para D., março de 1843

No momento, estou na Holanda em viagem. Pelo que posso inferir dos jornais daqui e dos jornais franceses, a Alemanha se atolou bem fundo no barro e afundará ainda mais. Eu asseguro ao sr. que, mesmo não sentindo nenhum orgulho nacional, sente-se a vergonha nacional, até mesmo na Holanda. O mais humilde dos holandeses ainda é um cidadão se comparado com o maior dos alemães. E que juízos emitem os estrangeiros sobre o governo prussiano! Predomina uma unanimidade assustadora; ninguém mais se ilude a respeito desse sistema e sua natureza rudimentar. Para alguma coisa a Nova Escola acabou servindo. O manto suntuoso do liberalismo foi despido e o mais asqueroso despotismo está aí, em toda a sua nudez, diante dos olhos do mundo inteiro.

Não deixa de ser uma revelação, ainda que ao inverso. Trata-se de uma verdade que nos ensina, ao menos, a reconhecer a vacuidade do nosso patriotismo, a degeneração do nosso sistema estatal, e a cobrir nosso rosto de vergonha. O sr. me olha com um meio sorriso nos lábios e pergunta: "E o que se ganha com isso? Vergonha não leva a nenhuma revolução". Eu respondo: a vergonha já é uma revolução; ela de fato é a vitória da Revolução Francesa sobre o patriotismo alemão, pelo qual ela foi derrotada em 1813. Vergonha é um tipo de ira voltada para dentro. E se toda uma nação realmente tivesse vergonha,

---

[1] Barco coberto usado na travessia dos canais holandeses. (N. T.)

ela seria como um leão que se encolhe para dar o bote. Admito que nem a vergonha existe ainda na Alemanha; ao contrário, esses miseráveis ainda são patriotas. Mas que sistema conseguiria expulsar deles esse patriotismo, a não ser esse sistema ridículo do novo cavaleiro[2]? A comédia do despotismo que está sendo encenada conosco é tão perigosa para ele quanto no passado a tragédia para os Stuarts e Bourbons. E mesmo que por um bom tempo não se tomasse a comédia pelo que ela de fato é, ainda assim ela já seria uma revolução. O Estado é coisa séria demais para ser transformado numa arlequinada. Talvez até se possa deixar um navio cheio de loucos[3] derivar por um bom tempo ao sabor do vento, mas ele acabaria indo ao encontro do seu destino justamente porque os loucos não acreditariam nisso. Esse destino é a revolução que ainda está por acontecer.

M. a R. [Marx a Ruge]

Colônia, maio de 1843

Vossa carta[4], meu caro amigo, é uma boa elegia, um canto fúnebre de tirar o fôlego; em termos políticos, todavia, ela não é nada disso. Não há povo que desespere totalmente; mesmo que, por longo tempo, tenha tido esperança apenas por burrice, ele um dia, após muitos anos, realizará, num rompante de sabedoria, todos os seus desejos piedosos.

Contudo, o sr. me contagiou, o tema ainda não está esgotado. Gostaria de acrescentar o *finale* e, quando tudo tiver terminado, o sr. me estenderá a mão para que possamos recomeçar do começo. Deixai os mortos enterrar seus mortos e pranteá-los. Em contrapartida, é invejável estar entre os primeiros a entrar vivos na nova vida; que esta seja a nossa sorte.

---

[2] Referência ao imperador Frederico Guilherme IV. (N. T.)

[3] Esta figura de linguagem foi usada em analogia ao poema satírico do humanista alemão Sebastian Brant, *Das Narrenschiff* [A nave dos loucos], publicado em 1494. (N. E. I.)

[4] Em carta a Marx, escrita de Berlim em março de 1843, Ruge se queixava da ausência de qualquer sinal do fermento revolucionário na Alemanha, do espírito servil, da submissão ao despotismo e da lealdade que prevaleceram no país por muitos anos. Essa carta foi publicada na seção "Extrato da correspondência de 1843" nos *Deutsch-Französische Jahrbücher*. (N. E. I.)

Sobre a questão judaica

É verdade que o velho mundo pertence ao filisteu. Porém, não devemos tratá-lo como um espantalho, ao qual voltamos as costas temerosamente. Pelo contrário, devemos examiná-lo minuciosamente. Vale a pena estudar esse senhor do mundo.

É claro que ele só é senhor do mundo por tomá-lo com sua sociedade como os vermes tomam o cadáver. Por essa razão, a sociedade desses senhores não necessita de nada além de um punhado de escravos, e nem mesmo é necessário que os proprietários desses escravos sejam livres. Se, por causa de sua propriedade de terras e gente, são chamados de senhores em sentido eminente, nem por isso são menos filisteus do que a sua gente.

Seres humanos, presume-se, seriam seres espirituais, homens livres, republicanos. As duas coisas os filisteus não querem ser. Mas o que então lhes resta ser e querer?

O que eles querem, a saber, viver e se reproduzir (e mais do que isso, diz Goethe, de qualquer modo ninguém consegue), é o mesmo que o animal quer. Quando muito, um político alemão ainda teria a acrescentar que o homem *sabe* que quer isso, e o alemão seria tão sensato a ponto de não querer nada além disso.

Primeiro a autoestima do homem, a liberdade, teria de ser novamente despertada no peito dessas pessoas. Esse sentimento, que desaparece do mundo com os gregos e se desvanece na neblina azulada do céu com o cristianismo, é o único que pode transformar a sociedade novamente numa comunidade humana que visa aos seus fins supremos, a saber, num Estado democrático.

Os homens, por sua vez, que não se sentem como homens adicionam-se à propriedade dos seus senhores como uma criação de escravos ou de cavalos. Toda essa sociedade está em função desses senhores hereditários. É a eles que o mundo pertence. Eles o tomam assim como ele é e como ele se dá. E eles tomam a si mesmos do jeito que se encontram e se postam exatamente onde seus pés criaram raízes, ou seja, sobre a cerviz desses animais políticos, que não conhecem outra destinação que a de serem "submissos, amáveis e prestativos"[5].

---

[5] Trata-se aqui de alusão ao rito legal de transmissão do feudo a um vassalo, constituído de dois atos: a concessão do feudo (*actus traditionis*) e a homenagem (*actus inaugurationis*); esse último ato consistia no juramento de fidelidade, incluindo a formulação que obrigava o vassalo a ser "fiel, amável e prestativo" [*(ge)treu, hold und gewärtig*]. Marx troca o termo "fiel" por "submisso" [*untertan*]. (N. T.)

Karl Marx

O mundo filisteu é o *mundo animal politizado* e, se tivermos que reconhecer sua existência, não nos resta outra saída a não ser simplesmente dar razão ao *status quo*. Séculos de barbárie o geraram e lhe conferiram forma, e agora ele está aí diante de nós como um sistema coerente, cujo princípio é *o mundo desumanizado*. Sendo assim, é claro que o suprassumo do mundo filisteu, a nossa Alemanha, necessariamente ficaria bem para trás em relação à Revolução Francesa, que restabeleceu o elemento humano; e o Aristóteles alemão que quisesse extrair sua política das nossas condições de vida, escreveria em sua fachada: "O ser humano é um animal sociável, mas totalmente apolítico", afirmando que não conseguiria dar explicação melhor para a existência do Estado do que a formulada pelo sr. Zöpfl, o autor do *Konstitutionelles Staatsrecht in Deutschland* [Direito constitucional na Alemanha]. Segundo ele, o Estado é uma "associação de famílias", o qual – dizemos nós – pertence por herança e propriedade a uma família suprema, que se chama dinastia. Quanto mais fecundas se mostrarem as famílias, tanto mais felizes as pessoas, tanto maior o Estado, tanto mais poderosa a dinastia, razão pela qual, na Prússia em sua normalidade despótica, oferece-se um prêmio de cinquenta táleres pelo sétimo filho homem.

Os alemães são realistas tão sensatos que todos os seus desejos e os seus mais elevados pensamentos não avançam para além da vida ordinária. E essa realidade, e nada mais que isso, é aceita por aqueles que os dominam. Também essas pessoas são realistas; esses oficiais e fidalgos bem comuns estão muito afastados de qualquer tipo de reflexão e de grandeza humana, mas eles não se enganam; eles têm razão: basta que sejam exatamente assim como são para fazer uso desse reino animal e dominá-lo, pois tanto aqui quanto em qualquer parte dominação e utilização são *um só* conceito. E ao fazerem com que as pessoas lhes prestem homenagem e ao olharem por cima das cabeças pululantes desses seres descerebrados, que pensamento lhes seria mais óbvio do que o de Napoleão às margens do rio Berezina? Conta-se que ele teria apontado para baixo para o alvoroço dos que estavam se afogando e gritado para os seus acompanhantes: *Voyez ces crapauds!* [Vejam esses sapos!]. Essa anedota provavelmente é mentira, mas nem por isso deixa de ser verdadeira. A única ideia do despotismo é o desprezo pelo humano, o ser humano desumanizado, e essa ideia tem, em comparação com muitas outras, a vantagem de ser, ao mesmo tempo, um fato. O déspota sempre vê o ser humano degradado. As pessoas se afogam diante dos seus olhos e por ele na lama da vida ordinária, da qual elas também, como rãs, constantemente se originam. Se esse modo de ver as coisas se impôs até mesmo a pessoas que foram capazes de perseguir grandes metas, como foi o caso de Napoleão antes de sua loucura dinástica, como poderia um rei bem normal ser idealista em meio a essa realidade?

O princípio da monarquia por si só é o ser humano desprezado, desprezível, *o ser humano desumanizado*; e Montesquieu não tem razão em dizer que esse princípio é a honra[6]. Para isso, ele recorre à diferenciação entre monarquia, despotismo e tirania. Mas isso são nomes para *um só* conceito, indicando, quando muito, uma diferença de hábito em relação ao mesmo princípio. Onde o princípio monárquico constitui a maioria, os seres humanos são minoria; onde ele não é posto em dúvida, não existe ser humano. Por que um homem como o rei da Prússia, que não tem evidência nenhuma de representar algo problemático, não deveria simplesmente obedecer aos seus humores? E ao fazer isso, qual é o resultado? Intenções contraditórias? Bom, disso não resulta nada. Tendências impotentes? Elas ainda constituem a única realidade política. Vexames e constrangimentos? Só existe *um* vexame e *um* constrangimento: descer do trono. Enquanto o humor estiver no lugar que lhe é próprio, ele tem razão. Nesse lugar, ele pode ser tão inconstante, tão desmiolado, tão desprezível quanto quiser, mas ainda será suficientemente bom para reger um povo que jamais conheceu outra lei que não fosse a arbitrariedade de seus reis. Não estou dizendo que um sistema desmiolado e a perda da dignidade no interior do Estado e fora dele não têm consequências. Não assumo a responsabilidade pela segurança da nave dos loucos, mas uma coisa eu afirmo: enquanto o mundo ao inverso for o mundo real, o rei da Prússia será um homem do seu tempo.

O sr. sabe que me ocupo bastante com esse homem. Já no tempo em que ele só tinha mais o *Berliner politisches Wochenblatt* como seu porta-voz, eu reconheci seu valor e seu destino. Já por ocasião do juramento de fidelidade em Königsberg, ele justificou a minha suposição de que dali por diante a questão se tornaria puramente pessoal. Ele declarou que seu coração e seu estado de espírito passariam a ser a Constituição dos domínios da Prússia, do *seu* Estado, e, de fato, na Prússia, o rei é o sistema. Ele é a única pessoa política. Sua personalidade determina o sistema de um ou de outro modo. O que ele faz ou o que se permite que ele faça, o que ele pensa ou o que se põe na sua boca é o que, na Prússia, o Estado pensa ou faz. Portanto, realmente é um mérito do atual rei ter declarado isso tão sem rodeios.

O único erro que se cometeu por certo tempo foi considerar relevante a pergunta por quais seriam os desejos e ideias que o rei viria a expressar. Isso não modificou nada na questão em si; o filisteu é o material de que é feita a monarquia e o monarca sempre é apenas o rei dos filisteus; ele não poderá transformar a si próprio nem a sua gente em pessoas livres e verdadeiras enquanto as duas partes continuarem sendo o que são.

---

[6] Referência a Charles de Montesquieu, *Do espírito das leis* (São Paulo, Nova Cultural, 1997, v. I), livro terceiro, capítulos VII-VIII, p. 64 ss. (N. T.)

Karl Marx

O rei da Prússia [Frederico Guilherme IV] tentou modificar o sistema com uma teoria que seu pai [Frederico Guilherme III], de fato, não tinha nessa forma. O fim que levou essa tentativa é conhecido. Ela fracassou completamente. Bem ao natural. Uma vez que se chegou ao nível do mundo animal politizado, não há reação que possa ir além dele, e o único avanço possível consiste em abandonar sua base e iniciar a transição para o mundo humano da democracia.

O velho rei não tinha nenhuma extravagância em mente; ele era um filisteu e não tinha nenhuma pretensão intelectual. Ele sabia que o Estado servil e sua posse careciam unicamente de uma existência prosaica e tranquila. O jovem rei era mais lépido e vivaz; ele tinha uma ideia bem mais elevada da onipotência do monarca, limitada apenas por seu coração e seu entendimento. Ele tinha asco do velho e ossificado Estado de vassalos e escravos. Ele queria insuflar-lhe vida novamente e impregná-lo totalmente com seus desejos, sentimentos e ideias; e ele podia exigir isso, era o *seu* Estado, desde que houvesse alguma possibilidade de obter êxito. Essa é a razão de seus discursos liberais e de suas manifestações efusivas. Seus súditos não seriam regidos pela lei morta, mas pelo coração bem vivo do rei. Ele queria pôr todos os corações e espíritos em movimento em função dos desejos do seu coração e dos planos longamente nutridos. E um movimento se deu, é verdade, mas os demais corações não batiam no mesmo compasso que o seu, e os dominados não conseguiam abrir a boca sem falar da abolição da velha dominação. Os idealistas, que têm o descaramento de querer transformar o ser humano em ser humano, tomaram a palavra, pensando que poderiam filosofar em neoalemão enquanto o rei fantasiava em alemão antigo. Isso de fato foi inaudito na Prússia. Por um momento pareceu que a velha ordem de coisas tinha sido virada de cabeça para baixo, pois as coisas começaram a se transformar em pessoas; houve até mesmo pessoas renomadas, embora nas assembleias não fosse permitido mencionar nomes. Porém, os serviçais do velho despotismo logo deram um fim nessas atividades tão pouco germânicas. Não foi difícil criar um conflito palpável entre os desejos do rei, entusiasta de um passado grandioso cheio de padrecos, cavaleiros e vassalos, e as intenções dos idealistas, que queriam nada menos que as consequências da Revolução Francesa, ou seja, no final das contas, a república e uma ordem da humanidade livre em vez da ordem das coisas mortas. Quando esse conflito se tornou suficientemente acirrado e incômodo e o rei já estava adequadamente irado, achegaram-se a ele os serviçais que antes haviam conduzido o curso das coisas com tanta facilidade e declararam que o rei não estaria procedendo corretamente ao incentivar seus súditos a produzir tanto falatório inútil; eles não dariam conta de reger a geração dos homens falantes. Inclusive o senhor de todos os posterorrussos havia ficado inquieto devido ao movimento que se produzira dentro da cabeça dos anterorrussos[7] e exigia a restauração da antiga situação tranquila. O resultado disso foi uma nova edição da velha proscrição de todos os desejos e ideias sobre direitos e deveres humanos, ou seja, o retorno ao velho e ossificado Estado servil, no qual o escravo serve calado e o possuidor da terra e das pessoas exerce a regência, tão calado quanto possível, por intermédio de uma criadagem bem-proporcionada e tacitamente obediente. Nenhum dos dois pode dizer o que quer: o primeiro não pode dizer que quer se tornar um ser humano, e nem o outro que, na sua terra, ele não tem serventia para seres humanos. Diante disso, o único recurso é o silêncio. *Muta pecora, prona et ventri oboedientia* [O rebanho é mudo, baixa a cabeça e obedece ao estômago].

Essa foi a tentativa desastrada de abolir o Estado filisteu sobre sua própria base; ela evidenciou aos olhos de todo o mundo que o despotismo necessita da brutalidade e que, para ele, a humanidade é uma impossibilidade. Uma relação brutal só pode ser mantida com brutalidade. E com isso dou por concluída a nossa tarefa comum de examinar de perto o filisteu e seu Estado. O sr. não poderá dizer que atribuo demasiado valor ao presente; mas se, ainda assim, não desespero em vista dele, é porque a sua própria situação desesperada me enche de esperança. Nem me refiro à questão da incapacidade dos senhores e da indolência dos servos e súditos, que deixam tudo ao Deus dará; mas, de fato, as duas coisas já seriam suficientes para provocar uma catástrofe. Apenas chamo a atenção do sr. para o fato de que os inimigos do filisteísmo, em suma, todos os seres humanos que pensam e sofrem, chegaram a um entendimento, para o qual antigamente lhes faltavam todos os recursos, e para o fato de que o próprio sistema passivo de reprodução dos velhos súditos a cada dia que passa convoca novos recrutas para o serviço à nova humanidade. Porém, o sistema de indústria e comércio, de posse e exploração dos homens, levará ainda mais rapidamente do que a multiplicação da população a uma ruptura no interior da sociedade atual; e o velho sistema não conseguirá sanar essa ruptura, porque ele não sana nem cria coisa alguma; ele meramente existe e desfruta. Entretanto, a existência da humanidade sofredora que pensa e da humanidade pensante que é oprimida necessariamente se tornará intragável e indigesta para o mundo animal do filisteísmo que apenas desfruta passiva e despreocupadamente.

A nossa parte nisso tudo é trazer o velho mundo inteiramente à luz do dia e dar uma conformação positiva ao novo mundo. Quanto mais os eventos derem tempo à humanidade pensante para se concentrar e à humanidade

---

[7] Marx chama os prussianos (em latim: *borussos*) ironicamente de "anterorrussos" [*Vorderrussen*] e Nicolau I de "senhor de todos os posterorrussos" [*Hinterrussen*]. (N. T.)

Karl Marx

sofredora para juntar forças, tanto mais bem-formado chegará ao mundo o produto que o presente carrega no seu ventre.

M. a R. [Marx a Ruge][8]

Kreuznach, setembro de 1843

Muito me alegro com o fato de o sr. estar tão decidido a voltar sua mente das retrospectivas dos fatos passados em direção a um novo empreendimento que está à frente. Ou seja, em Paris, na velha faculdade da filosofia, *absit omen!* [que não seja mau agouro!], e na nova capital do novo mundo. Tudo o que é necessário se ajeita. Por isso, não duvido que todos os obstáculos, cuja gravidade não ignoro, serão removidos.

Mas esse empreendimento pode decolar ou não; em todo caso, estarei em Paris no final deste mês, porque o próprio ar que respiro aqui me torna um vassalo e porque não vejo na Alemanha nenhum espaço de manobra para exercer alguma atividade livre.

Na Alemanha, tudo está sendo oprimido com violência; há uma verdadeira anarquia do espírito, o regimento da própria burrice irrompeu, e Zurique obedece às ordens vindas de Berlim; diante disso, torna-se cada vez mais claro que deve ser procurado um novo ponto de convergência para as cabeças realmente pensantes e independentes. Estou convicto de que o nosso plano vem ao encontro de uma necessidade real, e as necessidades reais também devem ser realmente satisfeitas. Portanto, não terei dúvidas quanto ao empreendimento, no momento em que ele for levado a sério.

Maiores até do que os obstáculos externos parecem ser as dificuldades internas. Porque, ainda que não haja dúvidas quanto ao "de onde", tanto maior é a confusão que reina quanto ao "para onde". Não é só o fato de ter irrompido uma anarquia geral entre os reformadores; além disso, cada um precisa admitir para si mesmo que não possui uma visão exata do que deverá surgir. Entretanto, a vantagem da nova tendência é justamente a de que não queremos antecipar dogmaticamente o mundo, mas encontrar o novo mundo a partir da crítica ao antigo. Até agora, os filósofos tinham a solução de todos

---

[8] Marx responde à carta de Ruge em que este proclama a si mesmo como ateísta e apoiador fervoroso dos "novos filósofos". (N. E. I.)

Sobre a questão judaica

os enigmas sobre seus púlpitos, e só o que o estúpido mundo exotérico tinha de fazer era escancarar a boca para que os pombos assados da ciência absoluta voassem para dentro dela. A filosofia se tornou mundana e a prova cabal disso é que a própria consciência filosófica foi arrastada para dentro da agonia da batalha, e isso não só exteriormente, mas também interiormente. Embora a construção do futuro e sua consolidação definitiva não seja assunto nosso, tanto mais líquido e certo é o que atualmente temos de realizar; refiro-me à *crítica inescrupulosa da realidade dada*; inescrupulosa tanto no sentido de que a crítica não pode temer os seus próprios resultados quanto no sentido de que não pode temer os conflitos com os poderes estabelecidos.

Sendo assim, não sou favorável a que finquemos uma bandeira dogmática; ao contrário. Devemos procurar ajudar os dogmáticos a obter clareza quanto às suas proposições. Assim, sobretudo o *comunismo* é uma abstração dogmática, e não tenho em mente algum comunismo imaginário ou possível, mas o comunismo realmente existente, como ensinado por Cabet, Dézamy, Weitling etc. Esse comunismo é, ele próprio, apenas um fenômeno particular do princípio humanista, infectado por seu oposto, o sistema privado. Por essa razão, supressão da propriedade privada e comunismo não são de modo algum idênticos; não foi por acaso, mas por necessidade que o comunismo viu surgir, em contraposição a ele, outras doutrinas socialistas, como as de Fourier, Proudhon etc., já que ele é apenas uma concretização especial e unilateral do princípio socialista.

E o princípio socialista como um todo, por sua vez, é apenas um dos lados que diz respeito à *realidade* do ser humano verdadeiro. Nós devemos nos preocupar da mesma maneira com o outro lado, com a existência teórica do ser humano, ou seja, tornar a religião, a ciência etc. objetos da nossa crítica. Além disso, queremos exercer influência sobre nossos contemporâneos, mais precisamente sobre nossos contemporâneos alemães. A pergunta é: qual a melhor maneira de fazer isso? Dois tipos de fatos não podem ser negados. Tanto a religião, quanto a política constituem os objetos centrais do interesse da Alemanha atual. É preciso partir desses objetos, como quer que se apresentem, e não contrapor-lhes algum sistema pronto, como, por exemplo, o de *Voyage en Icarie*[9].

A razão sempre existiu, só que nem sempre na forma racional. O crítico pode, portanto, tomar como ponto de partida qualquer forma da consciência teórica e prática e desenvolver, a partir das *próprias* formas da realidade existente, a verdadeira realidade como seu dever-ser e seu fim último. Agora, no que se refere à verdadeira vida, justamente o *Estado político*, em todas as suas

---

[9] Sobre esse romance de Étienne Cabet, ver p. 11, nota 6. (N. E. B.)

formas *modernas*, inclusive onde ele ainda não está imbuído conscientemente das exigências socialistas, implica as exigências da razão. Mas ele não fica nisso. Ele presume em toda parte que a razão é realidade. Mas igualmente em toda parte, ele incorre na contradição entre sua destinação ideal e seus pressupostos reais.

Em vista disso, é possível desenvolver, em toda parte, a partir desse conflito do Estado político consigo mesmo, a verdade social. Assim como a *religião* é o sumário das lutas teóricas da humanidade, o *Estado político* é o de suas lutas práticas. O Estado político expressa, portanto, dentro de sua forma de Estado, *sub specie rei publicae*, todas as lutas, necessidades e verdades sociais. Portanto, de modo algum se situa abaixo da *hauteur des principes* [linha dos princípios] tornar a mais específica das questões políticas – como, por exemplo, a diferença entre sistema estamental e sistema representativo – em objeto da crítica. Porque essa questão apenas expressa de maneira *política* a diferença entre domínio do homem e domínio da propriedade privada. O crítico não só pode, mas deve entrar nessas questões políticas (que, segundo a opinião dos socialistas crassos se situam abaixo de toda dignidade). Ao desenvolver a vantagem do sistema representativo em relação ao estamental, o crítico *despertará, na prática, o interesse* de um grande partido pelo assunto. Ao elevar o sistema representativo de sua forma política à sua forma universal e demonstrar a verdadeira importância que constitui sua base, ele simultaneamente obriga esse partido a ir além de si mesmo, pois sua vitória é, ao mesmo tempo, seu prejuízo.

Nada nos impede, portanto, de vincular nossa crítica à crítica da política, ao ato de tomar partido na política, ou seja, às lutas *reais*, e de identificar-se com elas. Nesse caso, não vamos ao encontro do mundo de modo doutrinário com um novo princípio: "Aqui está a verdade, todos de joelhos!" Desenvolvemos novos princípios para o mundo a partir dos princípios do mundo. Não dizemos a ele: "Deixa de lado essas tuas batalhas, pois é tudo bobagem; nós é que proferiremos o verdadeiro mote para a luta". Nós apenas lhe mostramos o porquê de ele estar lutando, e a consciência é algo de que ele *terá de* apropriar-se, mesmo que não queira.

A reforma da consciência consiste unicamente no fato de deixar o mundo interiorizar sua consciência, despertando-o do sonho sobre si mesmo, *explicando-lhe* suas próprias ações. Todo o nosso propósito só pode consistir em colocar as questões religiosas e políticas em sua forma humana autoconsciente, que é o que ocorre também na crítica que Feuerbach faz à religião.

Portanto, nosso lema deverá ser: reforma da consciência, não pelo dogma, mas pela análise da consciência mística, sem clareza sobre si mesma, quer se apresente em sua forma religiosa ou na sua forma política. Ficará evidente, então, que o mundo há muito tempo já possui o sonho de algo de que necessitará apenas possuir a consciência para possuí-lo realmente. Ficará evidente que não se trata de um grande hífen entre o passado e o futuro, mas da *realização* das ideias do passado. Por fim, ficará evidente que a humanidade não começa um trabalho novo, mas executa o seu antigo trabalho com consciência.

Poderíamos, portanto, sintetizar *numa* palavra a tendência da nossa *Folha*: autoentendimento (filosofia crítica) da época sobre suas lutas e desejos. Trata-se de um trabalho pelo mundo e por nós. Só pode ser obra de forças unificadas. Trata-se de *penitência*, e nada mais. Para que a humanidade consiga o perdão dos seus pecados, ela só precisa declarar que eles são o que são.

DEUTSCH-FRANZOSISCHE

JAHRBÜCHER

herausgegeben

von

Arnold Ruge und Karl Marx.

1ste und 2te Lieferung.

PARIS,
IM BUREAU DER JAHRBÜCHER.
AU BUREAU DES ANNALES. } RUE VANNEAU, 22.

1844

O primeiro e único número dos *Anais Franco-Alemães*, editado por Marx e Arnold Ruge em Paris, fevereiro de 1844.

POSFÁCIO

"Na e pela história."
Reflexões acerca de *Sobre a questão judaica*

Isolado do movimento de pensamento em que se encontra, o artigo *Sobre a questão judaica* alimentou muitas interpretações e controvérsias. As acusações de antissemitismo e de tendência totalitária são as mais propagadas pelos procuradores desse processo. De Roman Rosdolsky a Enzo Traverso, leituras mais sérias examinam, no campo da problemática marxista, as ambiguidades e as lacunas que deram sustentação a tais contrassensos.

Três críticas de *Sobre a questão judaica*

1. *Marx, antissemita precursor?* Robert Misrahi, em *Marx et la question juive*[1], é um dos narradores aos quais se deve a lenda de um Marx antissemita[2]. *Sobre a questão judaica* seria um "panfleto antissemita" vulgar, e até mesmo "uma das obras mais antissemitas do século XIX" (que, no entanto, viu tantas outras, de Toussenel a Drumont, passando por Proudhon e Bakunin!):

---

[1] Robert Misrahi, *Marx et la question juive* (Paris, Gallimard, 1972). Os mesmos temas encontram-se na coletânea de artigos, publicada por Misrahi, intitulada *Un juif laïc en France* (Paris, Médicis-Entrelacs, 2004). Ver também Francis Kaplan, *Marx antisémite?* (Paris, Imago Berg International, 1990).

[2] Raymond Aron considerava também *Sobre a questão judaica* "o texto mais antissemita de Marx" (pergunta-se quais de seus textos seriam os "menos antissemitas"!). Na literatura histórica sobre a questão judaica, esse tema tornou-se uma ideia reconhecida. Simon Doubnov imputa a Marx "uma antipatia de renegado pelo campo desertado" e uma incompreensão teimosa em relação a "uma nação cuja história toda constitui uma refutação de sua doutrina estreita". Isaiah Berlin vê em *Sobre a questão judaica* simplesmente uma série de "clichês antissemitas" em reação contra uma origem e uma aparência física (de Marx) estigmatizadas.

Posfácio

Nos anos 1840, toda a opinião pública alemã é antissemita e dá poder às forças reacionárias germano-cristãs, enquanto Marx escreve seu artigo violentamente antissemita e se junta às posições da própria reação; após 1847, um segundo movimento de emancipação judaica constitui-se na Alemanha, algumas leis liberais são promulgadas e Marx renuncia de fato a seu antissemitismo.

Em suma, um puro oportunista esse Marx, que gira ao sabor do vento tal qual um acomodado cata-vento!

Lembrando que, em 1793, Fichte se opôs à emancipação dos judeus, "é exatamente essa perspectiva que Marx adotará cinquenta anos depois, juntando-se ao pensamento pré-nazista", declara Misrahi. Ele trabalha sem o menor refinamento, o procurador. Atropela a história, tromba com os períodos. Suas palavras foram categoricamente desmentidas pela carta enviada a Ruge, de Colônia, em 13 de março de 1843. Nela, Marx exprime seu engajamento pessoal em favor da igualdade cívica dos judeus:

> Agora mesmo, recebo aqui a visita do chefe da comunidade judaica; ele me pede para redigir, para os judeus, uma petição à Dieta, e vou fazê-la. Por maior que seja minha repugnância pela religião israelita, a maneira de ver de Bauer me parece demasiadamente abstrata. No que depende de nós, trata-se de abrir o maior número possível de brechas no Estado cristão e nele introduzir secretamente a razão. Ao menos, é preciso fazer todos os esforços – e a exasperação aumentará, com protestos, a cada petição que for rejeitada.[3]

De Karl Löwith a Martin Buber, passando por Arnold Toynbee, diversos comentaristas acreditaram, no entanto, que poderiam encontrar nas origens judaicas de Marx e na conversão de seu pai, as "raízes inconscientes" de um antissemitismo imputável a um irremediável "ódio de si". Com esse tom, entre outros, destaca-se Joachim Prinz, rabino de Berlim antes de se tornar presidente do American Jewish Congress [Congresso Judaico Americano][4]: "O livreto do judeu convertido Karl Marx é um panfleto antijudaico e uma contribuição ao ódio judaico de si". Pouco importa que Marx jamais tenha se convertido. Se ele não se converteu, tratava-se de seu pai, o que em bom freudianismo de botequim talvez fosse pior. A "fuga precipitada na Internacional", continua Priz impassivelmente, é "uma das fugas precipitadas típicas da assimilação", pois "não é uma fuga do judaísmo internacional mas, ao contrário, uma fuga fora do judaísmo internacional". Marx desertor e traidor, além de criminoso? Outros, como Bernard Lazare, preferiram ver nessas mesmas origens a fonte de um velho "materialismo hebraico", e de um messianismo revolucionário secularizado.

---

[3] Karl Marx, Carta a Ruge, 13 mar. 1843, em *Correspondance* (Paris, Éditions Sociales, 1978, tome I), p. 290.

[4] Joachim Prinz, *Wir Juden* (Berlim, Erich Reiss, 1934); Idem, *The Dilemma of the modern Jew* (Boston, Little, Brown and Co, 1962).

Sobre a questão judaica

As especulações *a posteriori* são muito distantes das preocupações teóricas do jovem Marx diante das contradições sociais e políticas de sua época. Os louros da malevolência obtusa cabem a Isaiah Berlin: "Quanto aos judeus, Marx declara ver apenas o sintoma repugnante do mal-estar social contemporâneo, uma excrescência no corpo social e não uma raça, uma nação, nem sequer uma religião que se poderia salvar, convertendo-a [...], mas simplesmente um monte de parasitas, um bando de usurários"[5]. Excrescência? A ser erradicada? Aliás, Misrahi não hesita em ver, no artigo de 1844, um "apelo ao genocídio". Simplesmente isso.

Em *Géographie de l'espoir*[6] [Geografia da esperança], Pierre Birnbaum remonta o antissemitismo à "noite dos tempos", como se se tratasse de uma constante inalterada desde a destruição do Segundo Templo. O que tem lógica: se o judeu eterno é uma figura ontológica fora do tempo, seu equivalente antissemita também deve ser atemporal e inalterável. Dá para compreender que Birnbaum se espante com o encontro amigável em 1876, em Karlsbad, de "duas figuras antagônicas do judaísmo europeu": esse Marx antissemita furioso e o autor de uma monumental *Histoire du peuple juif* [História do povo judaico], defensor da "desassimilação", Heinrich Graetz[7]. É provável que este tivesse ideias avançadas. Grande conhecedor das controvérsias da época, ele não considerava o autor de *O capital* o "precursor" do antissemitismo mas, ao lado de Ricardo e de Lassale, um dos "três santos do socialismo de origem judaica"!

Um excelente livrinho de Jacques Aron[8] demole um após outro os contos e as lendas de Misrahi, assim como a fábula anacrônica que imputa pulsões antissemitas irrefreáveis a um ódio de si inextinguível. O termo "antissemita" somente surgiu por volta de 1879, no contexto do racismo colonial e imperial da era vitoriana. Como Spinoza e, antes dele, Mendelssohn e, depois, Freud, Marx aborda a questão do judaísmo religioso do ponto de vista universal e não por critérios identitários limitados[9]. Ora, ironiza Aron, "ser antissemita é, antes de mais nada, fazer dos judeus seres à parte".

---

[5] Isaiah Berlin, citado por Jacques Aron em *Karl Marx, antisémite et criminel?* (Bruxelas, Didier Devillez, 2005).

[6] Pierre Birnbaum, *Géographie de l'espoir* (Paris, Gallimard, 2004).

[7] Pierre Birnbaum reproduz integralmente a carta de Graetz, enviada de Breslau em 1º de fevereiro de 1877, na qual agradece Marx pelo envio de fotos, um exemplar de *O capital* e do livro de Lissagaray sobre a Comuna de Paris: "Sim, o senhor me deu uma grande alegria que foi também reforçada pela longa espera de notícias suas. As duas fotografias me lembram constantemente o momento agradável, mesmo que tenha sido curto, em Karlsbad, onde nos conhecemos". Graetz oferece "para compensar" esses presentes sua própria *Histoire du peuple juif* em 12 volumes, embora ela "esteja longe de seu horizonte". A carta termina "com respeito e amizade, Heinrich Graetz". (Ver Pierre Birnbaum, *Géographie de l'espoir*, cit., p. 41-2).

[8] Jacques Aron, *Karl Marx, antisémite et criminel?*, cit.

[9] Exatamente aí está o nó da incompreensão demonstrada por autores como Misrahi e, sobretudo, Birnbaum, cujo livro, de resto erudito e apaixonante, é estragado por uma

Posfácio

Podemos, certamente, encontrar em Dühring ou Proudhon (que desejava o fechamento de todas as sinagogas e a deportação em massa dos judeus para a Ásia) sinais precursores de um "socialismo de imbecis"[10] prenunciado para um futuro próspero. Não seria menos anacrônico acusá-los de antissemitismo no sentido que a palavra ganhou no final do século XIX, e mais, à luz do genocídio nazista. Desde *Les Juifs, rois de l'époque* [Os judeus, reis da época], de Toussenel, em 1845, a literatura socialista e socializante do século XIX associa os judeus à gestão do dinheiro. Mas é no contexto de racialização da política, marcada pela publicação nos anos 1850 de *L'Inégalité des races* [A desigualdade das raças], de Gobineau, que uma revista como *Der Kulturkämpfer* pôde escrever (em 1880): "Pela primeira vez, uma raça estrangeira tão pouco numerosa possui o verdadeiro poder" na Alemanha. Em *Histoire mondiale du peuple juif* [História mundial do povo judaico], Simon Doubnov confirma essa guinada capital. Paralelamente, desenvolve-se, no movimento operário e no pan-eslavismo de Bakunin (precisamente contra Marx[11]), um antijudaísmo racial, que faz a transição entre o antijudaísmo religioso e o antissemitismo moderno[12].

Jacques Aron dá como exemplo o anacronismo do surgimento, diversas vezes, do termo *"youpin"** na tradução francesa da correspondência de

---

abordagem identitária. Aliás, os contemporâneos de Marx, inclusive judeus, não pensaram em acusá-lo de "antissemitismo". Ele foi alvo dos judeufóbicos!

[10] Expressão usada por August Bebel no final do século XIX.

[11] "Os judeus constituem hoje, na Alemanha, uma verdadeira força. Ele próprio judeu, Marx tem à sua volta tanto em Londres como na França e em muitos outros países, mas sobretudo na Alemanha, um grande número de pequenos judeus, mais ou menos inteligentes e instruídos, que vivem principalmente de sua inteligência e revendendo a varejo suas ideias [...] E bem, todo esse mundo judaico, que forma uma seita exploradora, uma espécie de povo sanguessuga, foi parasita coletivo voraz e organizado em torno de si mesmo, não só através das fronteiras dos Estados, mas através de todas as diferenças de opiniões políticas. Este mundo está atualmente, ao menos em grande parte, à disposição de Marx de um lado, e de Rothschild do outro [...]. E bem, isso pode parecer estranho. O que pode haver de comum entre o socialismo e os bancos privados? É que o socialismo autoritário, o comunismo de Marx quer a forte centralização do Estado e, onde esta existe, deve haver necessariamente um Banco Central do Estado e, onde este existe, os judeus ficam sempre certos de que não vão morrer de frio nem de fome." (Bakunin, Carta aos internacionalistas de Bolonha, 1871, em *Karl Marx, Arthur Michel Bakounine, Socialisme autoritaire ou libertaire?*, Paris, UGE, 1976, p. 197-8).

[12] Nesse antissemitismo moderno, Arno Mayer distingue ainda um "antissemitismo político", anterior a 1914, de um "antissemitismo sistemático", próprio do totalitarismo nazista (ver Arno Mayer, *La Solution finale dans l'histoire*, Paris, La Découverte, 1990, p. 60). Zygmunt Bauman vê, nesse antissemitismo moderno, a manifestação de um "desejo de velar suas fronteiras", ligado à finalização, com as unidades italianas e alemãs, da Europa das nações. Parece então inextricavelmente ligado à percepção da diáspora e da apatridia como um complô cosmopolita dos "estrangeiros de dentro", uma quinta-coluna inquietante, sem país de origem localizável (Zygmunt Bauman, *Modernité et Holocauste*, Paris, La Fabrique, 2002).

* Termo pejorativo que designa judeu de maneira racista. (N. T.)

Sobre a questão judaica

Marx. Misrahi vê nisso a confirmação de um inconsciente antissemita. Ora *Jüdel* é simplesmente aquele que fala iídiche, assim como *Jid* é judeu em judeo-alemão. Assim, quando Marx fala de seu jovem amigo Frankel como um *"richtige Jidche"*, deveria ser traduzido por "judeuzinho típico", em vez de *"youpin* escarrado", como o fez a tradução francesa[13]. Na verdade, a tradução de *Jüdel* por *"youpin"* é anacrônica. O uso de *"youpin"* é bem mais tardio. Aparece de maneira concomitante ao antissemitismo racial. De acordo com o *Dictionnaire historique de la langue française*, somente se tornou conhecido a partir de 1878, como gíria a partir da deformação de *"youdi"*, que vem do árabe clássico da África do Norte *"yahudi"*. Menos agressivos, mas "injuriosos e racistas", de acordo com o dicionário *Robert*, esses termos "foram usados sobretudo nos períodos de forte antissemitismo, de 1800 a 1900", e depois na propaganda nazista do período entre as duas grandes guerras.

Frustrado por não ter conseguido encontrar uma única palavra contra judeus em *O capital*, Birnbaum faz um levantamento minucioso das ocorrências pejorativas da palavra judeu na correspondência particular de Marx, na qual ele ironiza os arcaísmos, as manias, o sotaque dos judeus de seu círculo, muitos dos quais são seus companheiros de luta. Birnbaum quer ver nisso a prova de uma "imensa indisposição diante da questão identitária" e de uma recusa obstinada da "ancoragem". De acordo com este raciocínio, por que tanta indulgência para Bauer, que intima os judeus a renunciarem à sua religião para terem acesso aos direitos cívicos? E por que não imputar o mesmo antissemitismo ao *dreyfusard** Durkheim, que listou com precisão os 36 judeus encontrados em Cabourg, onde, disse ele, "a praia está entulhada de judeus"? E o que dizer do desprezo dos judeus alemães em relação aos *Ostjuden*, dos asquenazes em relação aos sefardis? E o que dizer também do desgosto quase físico com o qual Hannah Arendt fala dos judeus israelenses do processo Eichmann, evoca "esses judeus de cafetã que tornam a vida impossível para todas as pessoas de bom senso", descreve a multidão de "judeus de lantejoulas" diante do tribunal, e às suas portas "o populacho oriental, como se estivesse em Istambul ou em outro país semiasiático"? O que dizer do próprio Isaiah Berlin, que celebra na imagem viril e conquistadora (arianizada?), "a coluna ereta" do judeu israelense, em oposição à coluna curva do judeu perseguido? Todos antissemitas? Sendo os últimos os piores, pois Marx teria ao menos a circunstância atenuante de ignorar o que seria o antissemitismo na época dos imperialismos modernos[14].

---

[13] Ver Jacques Aron, *Karl Marx, antisémite et criminel?*, cit., p. 178.

* Partidário de Alfred Dreyfus. (N. T.)

[14] Pierre Birnbaum lembra, com imparcialidade, a condenação brilhante do antissemitismo por Engels. Salienta também que a filha caçula de Marx, Eleonora ("Tussy") teria feito conferências em iídiche e exortado os judeus à solidariedade ("Nós, judeus, devemos continuar

Posfácio

A evolução do antijudaísmo religioso ou social para o antissemitismo racial foi confirmada por Hannah Arendt em seu *Origines du totalitarisme*[15]: "O antissemitismo, ideologia laica do século XIX, somente aparece com esse nome após 1870"; ele se distingue do "ódio ao judeu de origem religiosa, inspirado pela hostilidade recíproca de duas fés antagônicas". A crítica da religião judaica, por Marx, não vem de nenhuma das duas. Arendt ressalta, para criticá-la, a construção pela própria historiografia judaica de uma identidade racial (que revive o mito do povo eleito) como um caso típico de volta do estigma imposto pelo novo antissemitismo[16]. No entanto, foi preciso a degradação das classes em massa ou em populacho, em "poeira da humanidade" diria Gramsci, para que o antissemitismo racial se tornasse antissemitismo totalitário. Como Arno Mayer, mais tarde, Arendt estabelece assim uma distinção entre um antissemitismo pré-totalitário e um antissemitismo totalitário: "O antissemitismo moderno ganhou amplitude à medida que o nacionalismo tradicional declinou" com a ruína do sistema europeu de Estados-nação. Assim, "os judeus viram injustamente no antissemitismo moderno o antigo ódio dos judeus à base religiosa". O ódio moderno teria nascido da contradição entre o reconhecimento civil da igualdade diante da lei e "uma sociedade baseada na desigualdade de classes". Sem Estado nem território, os judeus constituíam um "elemento intereuropeu", protegido pelo Estado-nação, "pois os serviços financeiros dos judeus baseavam-se nele". Tendo servido, durante séculos, de intermediários entre a nobreza e o campesinato, os judeus "constituíam no presente uma burguesia sem exercer suas funções de produção"[17]. Arendt alia-se, então, à argumentação histórica de Abraham Léon, prolongando-a até a diferenciação do "povo-classe" em classes antagônicas: de um lado, uma burguesia financeira, do outro, um povinho proletarizado e pauperizado, o segundo servindo de bode expiatório das recriminações sociais contra a primeira.

Embora mencione muito os "escritos antijudaicos do jovem Marx", Arendt também nega categoricamente os ataques a esses textos, "muitas vezes tão injustamente taxados de antissemitismo". Ela salienta, ao contrário, uma tradição dissidente do judaísmo – de Börne a Benjamin, passando por Heine, Marx, Bloch, Lukács e Tucholsky[18] – à medida que os judeus tornavam-se um grupo social não definível pela nacionalidade no sentido moderno, nem pela religião

---

solidários"). Essas atitudes foram tomadas nos anos 1890, numa época em que precisamente manifestou-se a metamorfose do antijudaísmo religioso em antissemitismo racial.

[15] Hannah Arendt, *Les origines du totalitarisme – Sur l'antisémitisme* (Paris, Seuil, 1984, tomo II). [Ed. bras.: *Origens do totalitarismo*, São Paulo, Companhia das Letras, 1989.]

[16] Ibidem, p. 12.

[17] Ibidem, p. 75.

[18] Todos eles "minimizaram o que lhes pareciam mesquinharias e preconceitos chauvinistas, ridicularizaram a mistura local de debilidade, vaidade e fanfarronice, combateram a indolência do espírito provincial e a falta de gosto" (Zygmunt Bauman, *Modernité et Holocauste*, cit., p. 100).

no sentido antigo. A racialização da "judeidade" vem, então, preencher o vazio deixado por essa impossível atribuição.

2. *Marx, aspirante a ditador?* A segunda acusação constantemente feita ao artigo "Sobre a questão judaica" é a de um Marx pioneiro do totalitarismo. É possível encontrar as grandes linhas dessa condenação tanto em Norberto Bobbio quanto em Claude Lefort. Acreditando resolver, por meio da socialização das funções estatais e do perecimento do Estado, o problema da passagem da sociedade civil a Estado, deixado por Hegel sem solução, Marx teria na realidade abolido a distinção entre o social e o político, em prol de uma estatização geral da sociedade.

Em setembro de 1975, Norberto Bobbio deu início, na Itália, a uma intensa polêmica com a publicação, na *Mondoperaio*, de dois artigos de grande repercussão intitulados "Existe uma teoria marxista do Estado?". O debate continuou durante vários meses, principalmente nas colunas da revista *Rinascita*, e foi concluído em 1976 por um novo artigo de Bobbio. A controvérsia foi tema de um caderno especial intitulado *Il marxismo e lo Stato*, na *Mondoperaio* n. 4. O argumento de Bobbio era desenvolvido como defesa e ilustração das instituições democráticas:

> O erro que os teóricos da democracia industrial sempre cometeram foi terem acreditado ser possível reduzir a democracia política à democracia econômica, a autogestão dos cidadãos à dos produtores. Esse erro vem da crença segundo a qual não existem problemas de cidadãos específicos e diferentes daqueles dos trabalhadores. No entanto, existem problemas, e são precisamente os das liberdades civis e políticas, cuja subestimação, acompanhada às vezes de zombaria, e até mesmo de desprezo, infelizmente é uma das heranças do pensamento marxista. O texto canônico dessa tradição são algumas passagens de *Sobre a questão judaica*, que se tornou um fácil passaporte para todos os aspirantes a ditadores. O erro é ainda mais grave porque a interpretação corrente faz de algumas passagens desse artigo uma espécie de contradeclaração dos direitos do homem, e vai bem além da intenção e do sentido profundo desse ensaio cuja tese central indiscutível é que a emancipação política não esgota toda a emancipação humana. Tese indiscutível desde que não seja esquecido que, embora a emancipação política não seja suficiente, ela continua a ser necessária e que não pode haver emancipação humana sem emancipação política.[19]

A crítica de Bobbio visa à confusão do social e do político, assim como a redução da cidadania política à cidadania social, então em voga nas diferentes versões da democracia direta e do socialismo autogestionário. Ela é tradicionalmente retomada pelas correntes reformistas e social-democratas.

---

[19] Para uma discussão mais aprofundada dessas teses, ver Daniel Bansaïd, *L'Anti-Rocard ou les haillons de l'utopie* (Paris, La Brèche, 1980), principalmente o capítulo II: "La dialectique de la démocratie". E, mais geral, os dois artigos de Stathis Kouvélakis, "Critique de la citoyenneté", publicados nos números 9 e 10 da revista *ContreTemps*, que contêm, entre outras, uma crítica pertinente às teses de Claude Lefort sobre a invenção democrática.

Posfácio

Diferentemente de um grande número de leitores apressados, Bobbio compreende muito bem o fundo do problema levantado por Marx: a irredutibilidade da emancipação humana à emancipação política. Aliás, ele não discute essa distinção, contentando-se em salientar que a emancipação política continua a ser necessária (principalmente diante do despotismo burocrático) e deve também ser distinguida da segunda. No entanto, reconhece uma diferença entre as extrapolações dos "aspirantes a ditador" e o "sentido profundo" do ensaio de Marx. A discussão se inscreve na guinada dos anos 1975 e 1976, após a contrarrevolução chilena, o golpe de novembro de 1975 na revolução portuguesa, a transição controlada na Espanha, o "compromisso histórico" na Itália. Os ventos já estavam prestes a virar. A contraofensiva liberal e o fortalecimento das retóricas "antitotalitárias" se anunciaram.

Embora lance um debate de qualidade, a proposta de Bobbio participa do processo de restauração da ordem institucional, de reabilitação da filosofia política liberal e da reconquista ideológica. Alimenta uma corrente reformista que revaloriza a "longa marcha das instituições". Paralelamente, favorece o impulso de uma corrente liberal reacionária, anunciada pelos chantres da nova filosofia que se dedicam a apagar a luta de classes e as resistências anti--imperialistas em benefício de uma clivagem "humanitária" entre direitos do homem e totalitarismo ou democracia de mercado e totalitarismo até acabar, para alguns, na órbita dos neoconservadores americanos. Nessa guinada dos anos 1970, o movimento comunista "ortodoxo", na defensiva, cedeu ideologicamente sem combater, renunciando sem clareza teórica à noção de ditadura do proletariado. Não só à expressão – o que se poderia justificar para evitar as confusões com o termo de um século que conheceu muitas ditaduras – mas às questões cruciais a ela ligadas, suprimidas por um risco de caneta, por abandono desenvolto, no final de um indecente *striptease* teórico, da crítica marxiana do fetichismo do direito e do Estado.

Para Marx, "ditadura do proletariado" e "perecimento do Estado" são duas expressões indissociáveis da resposta às aporias legadas pela Revolução Francesa e pela filosofia hegeliana do direito, esquartejada entre a sociedade civil burguesa e "o Estado político". Depois que a revolução jacobina desnudou o antagonismo entre direito de propriedade e direito à existência, depois que Babeuf explorou o abismo escancarado entre o ideal republicano de igualdade e as forças suscetíveis de realizá-lo, os conspiradores revolucionários do século XIX buscaram a solução em ditaduras virtuosas de homens providenciais esclarecidos[20]. Marx inverteu a perspectiva. A ditadura ainda não tinha o sentido pejorativo que ganhou depois; ela evocava mais a velha instituição romana do estado de exceção limitado no tempo, oposto à arbitrariedade da "tirania".

---

[20] Ver Garrone, *Philippe Buonarroti et les révolutionnaires du XIX siècle* (Paris, Champ Livre, 1975).

Com a entrada do proletariado em cena, essa ditadura poderia pela primeira vez tornar-se a da maioria e, por isso, dialeticamente, o primeiro momento do perecimento do Estado enquanto corpo separado[21]. Ao contrário do que pensava Bobbio, esse perecimento não significava a extinção da política, e sim a extensão de seu domínio por meio da inclusão dos "apartados" (diria Jacques Rancière) e da expansão democrática permanente. Que esse processo revolucionário levante questões institucionais e jurídicas sobre as quais Marx fala pouco é fato; mas é um fato de acordo com sua recusa sistemática de qualquer escapada utópica e sua recusa de ferver "as marmitas do futuro". Numa época em que as instituições parlamentares ainda estavam balbuciando na Europa, não se tratava de planejar o futuro de maneira doutrinária, mas de conceitualizar o movimento real com o objetivo de abolir a ordem existente. Daí vem a sua *visão* da Comuna de Paris como "forma finalmente encontrada" da ditadura – democrática – do proletariado.

3. *Marx, universalista normativo*, teria ignorado a secularização da questão religiosa em questão nacional. Considerando as diferentes maneiras como a questão podia se colocar de acordo com o Estado em que residiam os judeus, ele passa em revista: a Alemanha, onde o Estado moderno não existe e onde "a questão judaica é uma questão puramente *teológica*"; a França, onde ela se tornou a da "*parcialidade da emancipação política*"; enfim, os Estados livres da América do Norte, onde "a questão judaica perdeu seu sentido teológico e se tornou uma questão realmente secular". Entre o enunciado teológico da questão, seu enunciado político, e a perspectiva de sua resolução na emancipação humana, a situação da Europa oriental, onde vivia a maioria dos judeus, não foi evocada, nem sequer seu futuro no contexto de secularização dos poderes políticos e da formação dos Estados-nação.

É essa a crítica desenvolvida por Roman Rosdolsky em seu livro *Engels e o problema dos povos "sem história"*[22]. Enzo Traverso adota um ponto de vista semelhante: "Ao reler esse célebre texto – *Sobre a questão judaica* – e controvertido, tentaremos demonstrar seu caráter estranho à teoria marxista e ao mesmo tempo sua inutilidade do ponto de vista da compreensão do problema judaico"[23]. Estranho à teoria marxista? Certamente, não. Muitos leitores vigilantes, de Georg Lukács[24] a Stathis Kouvélakis, passando por Auguste Cornu,

---

[21] Ver Antoine Artous, *Marx, l'État, la politique* (Paris, Syllepses, 1999).

[22] Roman Rosdolsky, *Friedrich Engels und das Problem der geschichtslosen Völker. Die Nationalitätenfrage in der Revolution 1848-1849 im Lichte der Neuen Rheinischen Zeitung* (Glasgow, Critique Books, 1986).

[23] Enzo Traverso, *Les marxistes et la question juive. Histoire d'un débat, 1845-1943* (Paris, La Brèche, 1990), p. 40.

[24] Ver principalmente Georg Lukács, *Le jeune Marx. Son évolution philosophique de 1840 a 1844* (Paris, Éditions de la Passion, 2002), p. 64-6.

Posfácio

Georges Labica e Pierre Macherey, mostraram que o artigo de 1844, longe de constituir um objeto teórico à parte, insere-se plenamente na formação do pensamento crítico de Marx. "Inútil para a compreensão do problema judaico"? Se entendermos isso por sua compreensão à luz das tragédias do século XX, talvez, em certa medida e até certo ponto. Todas as tentativas de tratar "a questão judaica" como questão política profana e não mais como mistério teológico inscrevem-se, no entanto, nos rastros desse texto fundador e lhe prestam homenagem, inclusive a crítica sem complacência de Rosdolsky.

Mais que sobre a *Judenfrage* propriamente dita, esse último ressalta, em um anexo a seu ensaio sobre "os povos sem história", os artigos de Engels publicados durante as revoluções de 1848 e 1849 na *Neue Rheinische Zeitung* [Nova Gazeta Renana]. Rosdolsky toma o cuidado de advertir logo contra qualquer leitura anacrônica:

> A fim de evitar qualquer mal-entendido, é preciso salientar que, para os redatores da *Nova Gazeta Renana*, não podia haver questão "judaica" nacional no sentido atual. Para eles, os judeus não constituíam nem uma nação (como os ingleses, franceses, alemães e poloneses), nem uma "nacionalidade" (ou seja, uma comunidade etnolinguística como, por exemplo, os sérvios ou os tchecos), mas o resto anacrônico de um velho povo de comerciantes, que se distinguia dos povos no meio dos quais vivia por meio de um modo particular de ganha-pão, de religião e também de mentalidade. É somente nesse sentido que eles falam do judaísmo assim como de um povo particular ou de um caráter étnico próprio dos judeus.

Ao contrário, a maior parte dos leitores mal-intencionados ataca com obstinação fomentando a confusão, começando por colidir as afirmações de Marx sobre a emancipação política de 1844 com os artigos de Engels de 1848, que tratam do problema das nacionalidades na situação concreta da Primavera dos Povos.

Apesar das palavras definitivas que ele mesmo escreveu em *A sagrada família* contra as filosofias especulativas da história universal, a problemática de Engels continua impregnada da metafísica historicista nesses artigos. Em nome de uma concepção do capitalismo como cadinho no qual as nações seriam chamadas para se dissolver, ele fala de "povos sem história" em lugares onde Marx se contentara em opor, considerando situações concretas, nações revolucionárias e contrarrevolucionárias (aliadas especialmente ao despotismo russo). As minorias nacionais da Europa central – inclusive os judeus – efetivamente tinham tendência a se aliar ao opressor mais distante (e mais forte) contra o opressor próximo (no caso, os judeus, com a Alemanha ou a Rússia contra o nacionalismo polonês). Assim, em sua resistência à hegemonia austríaca, os eslavos do sul entraram muitas vezes no jogo do império czarista contra as revoluções democráticas. Engels denuncia esse "papel de Vendeia" de alguns movimentos nacionais tardios, que teriam perdido o momento de alcançar a forma estatal moderna da nação.

Sobre a questão judaica

Entretanto, ele errou ao fazer de uma posição política conjuntural uma teoria histórica geral: "Não há nenhum país europeu que não possua, em algum canto, uma ou várias ruínas de povos, resíduos de uma população anterior subjugada pela nação que se torna portadora do desenvolvimento histórico". Esses "restos" de povos seriam "os resíduos de uma nação implacavelmente esmagada pela marcha da história", como escrevia Hegel. Os judeus representariam, então, apenas uma questão nacional residual entre outros. Conduzido por esse impulso modernizador, Engels irá até tratar os judeus da Província de Posen como "a mais suja de todas as raças". Uma frase tão brutal deveria ter posteriormente uma ressonância sinistra, mesmo que a palavra raça não tivesse na época o uso que teria após Gobineau e Chamberlain.

Cabe lembrar em defesa do jovem Engels que, se esses exageros verbais são *a posteriori* injustificáveis, ele tinha tomado partido, desde seus tempos de estudante, da emancipação dos judeus: o que quer a "jovem Alemanha", "é fazer passar no sangue dos alemães ideias que são de nosso século, a emancipação dos judeus e dos servos, o regime constitucional e outras boas ideias do mesmo gênero. Indo essas ideias no mesmo sentido do que penso, por que me separei delas?"[25] Diante das formas modernas de antissemitismo racial, o velho Engels tomou de novo uma posição sem ambiguidade, denunciando no ódio aos judeus "a reação de camadas sociais atrasadas, medievais, contra a sociedade moderna composta essencialmente de capitalistas e trabalhadores assalariados"[26]. Ele caracteriza, então, esse novo antissemitismo como "uma variante do socialismo feudal" (que August Bebel qualificará, por sua vez, de "socialismo de imbecis"). No entanto, ele compreendia esse antissemitismo como o sobressalto tardio de um tempo passado e como um preconceito destinado a se apagar quase mecanicamene com a dissolução das nações no cosmopolitismo mercantil.

É possível criticar Marx, como o fez Enzo Traverso, por subestimar a questão nacional no desenvolvimento desigual e combinado do capitalismo mundial. É possível recriminá-lo por uma visão redutora, social e econômica da questão judaica; ou ainda por ter compreendido mal a dimensão cultural e simbólica da opressão (da qual, na verdade, quase não fala). Embora esboçada, a noção de desenvolvimento desigual e combinado, a de contratempo e de não contemporaneidade, explicitadas no prefácio de 1867 do primeiro volume de *O capital*, ainda não faziam parte de seus escritos da juventude. Essas críticas legítimas não são, no entanto, as geralmente feitas a *Sobre a questão judaica*. Aliás, Rosdolsky distancia-se firmemente das tentativas de acusar Marx e Engels de antissemitismo: baseado em uma escolha de citações fora do contexto, para ele, esse processo resulta de um "procedimento não crítico" e "absolutamente

---

[25] Friedrich Engels, Carta a Wilhelm Graeber, 28 abr. 1839. *Die neue Rundschau*, Berlim, Heft, n. 10, 1913.

[26] No *Arbeiterzeitung*, jornal da social-democracia austríaca, 8 maio 1890.

Posfácio

a-histórico". Ele volta ao mito dogmático do "antissemitismo eterno". O novo nacionalismo judaico aparece assim como "um antissemitismo invertido: enquanto esse último considera os judeus como inimigos do mundo inteiro, o primeiro considera o mundo inteiro como inimigo dos judeus". Embora critique firmemente suas lacunas e ambiguidades, Rosdolsky segue, então, Marx de maneira fiel no que se refere ao método que consiste em pensar historicamente e não mais teologicamente a questão judaica[27].

Retomemos, no presente, cada uma dessas três questões: Marx, aspirante à ditador? Marx antissemita? Marx cego à questão nacional?

A emancipação e "a verdadeira democracia"

Como Norberto Bobbio, todo leitor honesto de *Sobre a questão judaica* pode constatar que, naquele texto, a "questão judaica" é na verdade simplesmente reveladora de um problema fundamental, o da emancipação política em relação à emancipação humana. Marx – vimos em sua carta de março de 1843 a Ruge – de modo algum é indiferente à discriminação sofrida pelos judeus na Alemanha. Diferentemente de Bauer, que somente reconhece os direitos políticos e cívicos dos judeus se eles se normalizarem por meio da conversão ao cristianismo, Marx apoia incondicionalmente sua emancipação política, sem exigir que renunciem à sua religião. Por mais limitada que seja, essa emancipação constituiria um considerável avanço, como aconteceu nos Estados Unidos e na Renânia durante a ocupação francesa. Portanto, é profundamente injusto atribuir a Marx a posição imperativa de Bauer, e até mesmo a famosa do conde de Clermont-Tonnerre no início da Revolução, recusando tudo aos judeus enquanto nação e concedendo-lhes tudo enquanto cidadãos.

Ao contrário, Marx levanta-se contra "a maneira limitada de se considerar a questão judaica". A questão preliminar é: "*de que tipo de emancipação se trata?*" "Tão somente a crítica à *emancipação política* mesma poderia constituir a crítica definitiva à questão judaica e sua verdadeira dissolução na '*questão geral da época*'". É, ao contrário, porque "não eleva a questão a esta altura que Bruno Bauer cai em contradições". Longe de ser secundária ou irrisória,

---

[27] Michael Löwy, em *Patries ou Planète* (Laussanne, Éditions Page 2, 1997), retoma o essencial da crítica que Rosdolsky faz a Engels, ao mesmo tempo fazendo justiça ao último: o que ele quis dizer com abolição da nacionalidade, certamente não era "a abolição das comunidades étnicas ou linguísticas existentes, mas das delimitações políticas dos povos": "Numa sociedade em que o Estado enquanto tal se deteriora, não pode haver lugar para Estados nacionais separados". Contra os socialistas da I Internacional, entre eles seu próprio genro Paul Lafargue, que consideram nacionalidades e nações como "preconceitos obsoletos", Marx salienta ironicamente que eles se expressam de todo modo em francês. Sobre essa questão, Löwy lembra a luta nas duas frentes de Otto Bauer: contra o "materialismo nacional" (que faz da nação uma substância étnica ou racial) e contra o "espiritualismo nacional" (que faz da nação a expressão do "gênio") de um povo predestinado, particularmente do povo "eleito" (eleito por quem, meu deus?).

a emancipação política constitui, para Marx, "um grande progresso; ela não chega a ser a forma definitiva da emancipação humana em geral, mas ela constitui a forma definitiva da emancipação humana *dentro* da ordem mundial vigente até aqui". Essa frase por si só deveria refutar a acusação de que Marx seria indiferente às "liberdades formais", aos "direitos democráticos" e à "democracia burguesa". Ele os considera como conquistas preciosas numa perspectiva histórica, como "a forma definitiva" da emancipação na ordem atual do mundo. Portanto, necessárias, mas insuficientes. O que se trata de transgredir para prolongar o movimento de emancipação rumo à sua plenitude humana são os limites desse mundo.

Não se trata de negar a importância da emancipação política, mas de ultrapassar seus resultados conservando-os, de caminhar rumo à "verdadeira democracia" que, desde a *Crítica da filosofia do direito de Hegel*, faz a ponte entre o liberalismo renano e a revolução radical. Nesses rascunhos, Marx inicia o movimento de dessacralização do Estado, que o levará a enunciar a exigência de seu perecimento. Ele iniciava a marcha que libera a política do domínio exclusivo do Estado e cria as condições de uma política do oprimido. O futuro do homem não gravita mais em torno do céu estatal ofuscante. Muito além dos limites do Estado político, a dinâmica da emancipação ganha o nome de "verdadeira democracia".

"A democracia contra o Estado?", pergunta Miguel Abensour. Se o confronto com Proudhon e Bakunin permite-lhe precisar suas condições históricas concretas, esse momento libertário de Marx persistirá da interpretação da Comuna de Paris até a *Crítica do programa de Gotha*. A "verdadeira democracia" é a "autofundação continuada" da política e do social. Sua distinção é rearticulada e não abolida, como pretendem os detratores que querem vê-la como o anúncio de um desaparecimento puro e simples da política. Nem dissolução do político no social, nem hipóstase do momento político, mas "instituição democrática do social" como "início da revolução democrática", resume Abensour[28], para quem a "pergunta apaixonada" de 1843 jamais desapareceu, da mesma maneira que o que se manifestou com o nome de "verdadeira democracia". Ela persistiu em estado latente, sempre pronta para ressurgir com o choque de um acontecimento. A Comuna foi um momento desse despertar.

Associada ao perecimento do Estado, a "verdadeira democracia" não seria então o "deflagrador revolucionário de um instante", ou "uma curiosidade sem dia seguinte" na obra de Marx, mas realmente a "matriz antiestatal" persistente que corre sob os remanejamentos conceituais sucessivos. Com ela,

> o Estado revela ser, para a democracia, o órgão de seu declínio: ao se solidificar em sua autonomia, ao se considerar como um todo, ele constitui um perigo para o todo. Há, então, luta recíproca entre os dois: se a "verdadeira

---

[28] Miguel Abensour, *La démocratie contre l'État. Marx et le moment machiavélien* (Paris, PUF, 1997), p. 113.

democracia" visa o desaparecimento do Estado, ou sobretudo luta contra o Estado, inversamente, onde o Estado cresce a democracia degenera até chegar bem perto do nada.[29]

Sem dúvida, Abensour acentua a dinâmica libertária quando associa a "verdadeira democracia" de 1843 ao tema mantido até o final do perecimento do Estado. No entanto, Stathis Kouvélakis confirma sua leitura: "Na verdadeira democracia, a constituição apresenta-se como uma forma aberta para sua própria transformação, privada de qualquer transcendência, consciente de seus próprios limites. Seu princípio seria o movimento, a possibilidade mantida de retificação por seu próprio portador real, o povo". Porém, ele insiste na irredutibilidade do político ao social, ao contrário dos críticos que viam na obra a lógica totalitária da abolição da democracia:

> Trata-se, portanto, do fim do político em prol do social? Certamente não, e num duplo sentido. Em primeiro lugar, o Estado político somente "desaparece" enquanto entidade separada, poder autonomizado, que pretende representar a totalidade. Ele é decomposto nos processos constitutivos da "verdadeira democracia" que, levando a seu fim o duplo primado, afirmado por Marx, da democratização sobre a democracia e da prática sobre as instituições, redefine a política em termos de poder de constituição, força expansiva de transformação do real. Em outras palavras, Marx não é, de modo algum, um "liberal às avessas", que projeta a absorção da política por uma sociedade civil rendida à sua transparência *a priori*, mas um pensador das condições eminentemente políticas constitutivas de sua própria expansividade, da abolição da separação do Estado (somente) político.[30]

O desvio pelo laboratório conceitual da *Crítica da filosofia do direito de Hegel* é necessário para esclarecer o centro da discussão com Bauer. Entre o manuscrito de 1843 e a "Crítica da filosofia do direito de Hegel – Introdução" de 1844, *Sobre a questão judaica* põe a teoria em gestação diante da prova prática da emancipação dos judeus. Embora Bauer critique "o Estado cristão" enquanto Estado ainda teológico, ele não chega até a crítica do "Estado puro e simples", por não conceber *"a relação da emancipação política com a emancipação humana"*. A "questão judaica" aparece sob sua forma teológica e o conflito do judeu com o Estado apresenta-se como conflito religioso porque o Estado político ainda não existe na Alemanha. Somente nos Estados livres da América a questão torna-se secular e a crítica pode (e deve) tornar-se "crítica do Estado político", abordando a questão de saber "que relação tem a emancipação política *completa* com a religião".

Trata-se então de transformar as questões religiosas em questões profanas, e não o inverso: a emancipação política, não só do judeu ou do cristão mas

---

[29] Ibidem, p. 108.

[30] Stathis Kouvélakis, *Philosophie et révolution: de Kant à Marx* (Paris, PUF/Acutel Marx, 2003), p. 371.

Sobre a questão judaica

do "homem religioso em geral", é "o Estado que se emancipa do judaísmo, do cristianismo, da *religião* em geral", "ao não professar nenhuma religião, ao professar, ao contrário, que é Estado". Esse Estado pode muito bem ser "livre", sem que o homem seja do mesmo modo um homem livre. Enquanto Estado, ele pode ser emancipado da transcendência religiosa sem que a imensa maioria de seus cidadãos seja libertada da religião. Privatizada, excluída do Estado político para encontrar refúgio na sociedade civil, a alienação religiosa subsiste. Mesmo que se proclame ateu "por meio do Estado", ou seja, "quando ele proclama o Estado ateu", o homem "continua sempre preso nos emaranhados da religião":

> A superação política da religião pelo homem tem em comum com a superação política todos os seus defeitos e compartilha todos os defeitos e todas as vantagens da superação política em geral. O Estado enquanto Estado anula, por exemplo, a *propriedade privada* e o homem proclama abolida, de forma política, a propriedade privada, a partir do momento em que ele abole o *censo eleitoral* para elegibilidade passiva ou ativa, como se deu em um grande número de Estados da América do Norte [...] No entanto, com a anulação política da propriedade privada, a propriedade não é abolida mas até mesmo é pressuposta.

Autores contemporâneos, como Horace Kallen ou Michaël Walzer, confirmam involuntariamente o diagnóstico de Marx, quando sustentam que a fidelidade ao judaísmo é perfeitamente compatível com a adesão leal à cidadania americana. Defensor de uma "democracia das nacionalidades", Kallen desempenha assim o papel de pioneiro do multiculturalismo, e Walzer exalta os Estados Unidos como o país onde os judeus podem, enfim, viver de acordo com sua cultura sem ter de dissolvê-la.

A separação formal da religião e do Estado é, portanto, semelhante àquela entre o comerciante – ou o trabalhador – e o cidadão, entre o proprietário de terras e "o indivíduo vivo". A crítica desse desdobramento generalizado, da alienação em alienação política e alienação religiosa, do homem em homem e cidadão, leva logicamente à crítica do desdobramento dos direitos em direitos do homem e direitos do cidadão. Sob a forma que têm entre os americanos e os franceses, os direitos do homem são, para Marx, na realidade, direitos políticos. Seu significado é a participação na comunidade política, "na vida do Estado". Dizem respeito, então, à liberdade política e aos direitos cívicos. Quando distinguidos daqueles do cidadão, "qual é o homem distinto do cidadão?" Seus direitos "são simplesmente os direitos do membro da sociedade civil, ou seja, do homem egoísta, do homem separado do homem e da coisa pública", do homem essencialmente proprietário. Consequentemente, conflito dos direitos. Entre dois direitos antagônicos considerados iguais e entre os que os reivindicam está a força que decide categoricamente, dirá Marx em *O capital*. Na falta de uma lei divina e de uma legitimidade transcendental, quando o direito aparece como uma produção social entre outras, cada um é

Posfácio

convencido de seu exato direito: o proprietário de seu direito de propriedade e o não proprietário de seu direito ao bem comum. Desde seus primórdios, a Revolução Francesa ilustrou essa oposição entre direito de propriedade e direito de existência.

A situação explosiva dos bairros e das periferias oferece, hoje, um exemplo claro da contradição entre igualdade "republicana" formal entre cidadãos e a desigualdade real inerente a uma quádrupla segregação: social, escolar, territorial, racial. Discriminados enquanto muçulmanos por uma parte deles, os jovens também o são, em primeiro lugar, enquanto "pobres", sem acesso à cidade, relegados nas zonas cinzentas de uma periferia em abandono social. Se os poderes públicos reduzirem a desigualdade entre religiões pelo diálogo interconfessional e a tolerância institucional, veremos, sem dúvida alguma, emergir uma burguesia e notáveis muçulmanos, do mesmo modo que a beatice puritana teve sua burguesia aburguesada, e o judaísmo seus notáveis novos-ricos. Mas a discriminação persistirá para a maioria e o consolo religioso continuará a prosperar no húmus da miséria material e moral, com seu cortejo de alienações, de fanatismos e de culpabilidades repetitivas.

Da mesma maneira, se a separação da Igreja e do Estado foi sem sombra de dúvida, em 1905, um momento forte da emancipação política na França, a laicidade (como a "cidadania") ressoa cada vez mais como um tambor: quanto mais oco, mais barulho faz. Na ocasião do centenário da lei de 1905, as celebrações arrebatadoras das virtudes laicas e republicanas foram barulhentas. No entanto, não se deveria defender a laicidade com uma das mãos enquanto com a outra se realizava a privatização crescente do espaço público em geral e da escola pública em particular. As modernizações anunciadas de uma laicidade "apaziguadora" (segundo Jacques Chirac) são apenas um novo compromisso anunciado entre as religiões e o Estado. Elas confirmam também, se é que é necessário, a análise de Marx sobre a compatibilidade entre a emancipação apenas política e a alienação religiosa que renasce continuamente da angústia social e moral[31].

---

[31] Em *Traité d'athéologie*, apesar de suas boas intenções, Michel Onfray cai nas mesmas relheiras em que Buno Bauer já tinha atolado. Ao conceber a laicidade como a última palavra da emancipação política, a única garantia que ele encontra é confiar a guarda ao filósofo eclesiástico: "É preciso promover uma laicidade pós-cristã, ou seja, ateia, militante e radicalmente oposta a qualquer escolha de sociedade entre o judeo-cristianismo ocidental e o islamismo que o combate. Nem a Bíblia nem o Alcorão. Aos rabinos, aos padres, aos imames, aos aiatolás e outros mulás, insisto em preferir o filósofo" (*Traité d'athéologie*, Paris, Grasset, 2005, p. 262). O filósofo, mas qual? Legitimado por qual transcendência? Há filósofos idealistas e filósofos materialistas, materialistas mecanicistas e materialistas dialéticos, e até mesmo filósofos cristãos e filósofos muçulmanos. Esse ateísmo militante, acima do conflito, "oposto a qualquer escolha de sociedade", lembra muito um saguão ou a República eclesiástica denunciada por Marx na *Crítica da filosofia do direito de Hegel*. É muito temeroso que essa laicidade a-teológica afinal seja apenas uma laicidade positivista, com seu calendário de santos laicos e seu catecismo filosófico. Socorro, [Paul] Nizan!

Sobre a questão judaica

No início do século XX, ainda que a República fosse oficialmente profana, a França permanecia a primogênita da Igreja e o Estado, em grande medida, um "Estado cristão" de fato. A separação legal da Igreja e do Estado, embora desse ponto de vista marcasse um progresso, ao mesmo tempo revelava-se uma institucionalização reforçada de um clericalismo (Marx poderia dizer de um fetichismo) de Estado, com seus rituais e catecismos positivistas. Assim, Péguy, sustentando simultaneamente uma concepção liberal da separação, uma exclusão recíproca em vez de um conluio e de uma confusão entre a Igreja e o Estado, pôde denunciar "dois grupos de padres": "os padres laicos e os eclesiásticos; os padres clericais anticlericais e os padres clericais clericais"[32]. Ele pôde denunciar a sobrevivência do "espírito eclesiástico" sem saber que, em 1843, Marx já desentocava, em termos quase idênticos, a "república eclesiástica". Por isso Péguy não concebia a separação como fato consumado, mas como uma "desclericalização" ou uma "separação contínua" – uma separação permanente como a revolução de Marx; como um processo vivo, ininterrupto, nunca reduzindo o "fazendo" ao "pronto". Em suma, uma emancipação contínua, da emancipação política à emancipação humana, uma vez que para Péguy era evidente que a separação da Igreja e do Estado era necessária mas insuficiente, e deveria se prolongar pela "separação entre a metafísica e o Estado".

Para Marx, "a aplicação prática dos direitos do homem à liberdade", era então "o direito humano à *propriedade privada* [...], o direito ao interesse pessoal" do "indivíduo fechado em si mesmo, em seu interesse privado e seu pleno prazer, separado da coisa pública". Assim, "vemos que a sociedade civil e a *coisa pública* são até depreciadas pelos emancipadores políticos a um simples meio de conservar os chamados direitos do homem, que o cidadão é então declarado servidor do *homem* egoísta". A crítica do desdobramento entre direitos do homem e do cidadão mostra os limites da revolução simplesmente política, distinta da "revolução radical" a partir de então na ordem do dia: "A revolução política é a revolução da sociedade civil", em resumo, uma revolução liberal que consagra o reino do mercado livre e da "concorrência não falsificada". Ela "aboliu o caráter político da sociedade civil" que faz a moral e prega a caridade. Por isso, com a revolução e o Estado meramente políticos, "o homem não se libertou da religião, ele obteve a liberdade religiosa. Não se libertou da propriedade, obteve a liberdade da propriedade. Não se libertou do egoísmo da atividade profissional, obteve a liberdade da atividade profissional".

Inseparavelmente política e social, a emancipação humana inclui necessariamente a dos judeus, pois não existem duas histórias paralelas. Trata-se, então, de "quebrar o quadro teológico do problema", para inscrever a emancipação judaica na emancipação geral. A liberdade religiosa torna-se, então,

---

[32] Charles Péguy, *Oeuvres en prose* (Paris, Gallimard, Coleção La Pléiade, tomo III), p. 668. Ver também "Péguy devant la séparation des Églises e de l'État", *Cahiers de l'amitié Charles Péguy*, n. 112, out.–nov. 2005.

Posfácio

possível por meio da disjunção do político e do religioso, por meio da secularização política que resulta da dissolução mercantil das relações de status e a dissociação entre o Estado político e a sociedade civil. Mas "ao se emancipar da religião, deixa-se subsistir a religião". Essas formulações de Marx em *Sobre a questão judaica* certamente permanecem dependentes do pressuposto humanista do "homem genérico". A força mediatriz da universalização concreta ainda não aparece aí, mesmo que a *Crítica da filosofia do direito de Hegel* já tivesse registrado "a transformação propriamente dita dos estamentos políticos (*Stände*) em classes civis" na época da monarquia absoluta. Na Idade Média, ao contrário, "as classes da sociedade civil e os estamentos políticos eram idênticos, porque a sociedade civil era a sociedade política" e "porque o princípio orgânico da sociedade civil era o princípio do Estado". Em outras palavras, a dissociação da sociedade civil e do Estado político revela as relações antagônicas de classe:

> A Revolução Francesa é que termina a transformação dos estados políticos em classes sociais e reduz as diferenças dos estamentos da sociedade civil a simples diferenças sociais que dizem respeito à vida privada, sem importância na vida política. Assim, acabou a separação da vida política e da sociedade civil.[33]

Marx acrescenta, então:

> Enquanto a organização da sociedade civil ainda era política, enquanto o Estado político e a sociedade civil eram idênticos, essa separação e esse desdobramento do significado das classes eram impossíveis. As classes não tinham no mundo civil outro significado exceto aquele que elas possuíam no mundo político.[34]

Com "o dualismo da sociedade civil e do Estado", ele descobre "a não propriedade e a classe do trabalho imediato, do trabalho concreto" característicos da relação capitalista de produção. Essa pista parece se perder em *Sobre a questão judaica*, em que a questão central da emancipação política não é articulada às relações de classes. No entanto, esse eclipse parece preparar o reaparecimento triunfal, a entrada em cena do proletariado na "Crítica da filosofia do direito de Hegel – Introdução", de 1844". Se a emancipação universalmente humana requer uma revolução das necessidades radicais e não mais uma revolução parcial ou somente política, que deixaria em pé os pilares da casa, é preciso realmente que exista o agente desse "escândalo universal". É preciso "que uma classe determinada inicie a emancipação geral da sociedade a partir de uma situação particular". Ora, "nenhuma classe da sociedade civil burguesa pode desempenhar esse papel sem suscitar um momento de entusiasmo em que ela confraterniza e converge como toda a sociedade, em que ela se confunde com ela e em que é sentida e reconhecida como sua representante geral". Como no silogismo hege-

---

[33] Karl Marx, *Critique de l'État hégélien* (Paris, UGE, 1976, Coleção 10/18), p. 208.
[34] Ibidem, p. 212.

liano, o momento do particular é uma mediação necessária rumo ao universal. O entusiasmo da revolução "humana universal" ecoa então no entusiasmo dos "espectadores" desinteressados do acontecimento revolucionário – que continuará eternamente na memória dos povos – do *Conflito das faculdades*, de Kant. Esse desinteressar-se ressurge concretamente na classe "com elos radicais", que "não reivindica direito particular, porque não se encontra submetida a uma injustiça particular, mas à injustiça enquanto tal"; que encarna a opressão absoluta e não pode se emancipar sem se emancipar "de todas as outras esferas da sociedade e, portanto, emancipá-las todas".

Essa dialética fundamenta a vocação hegemônica do proletariado na perspectiva da revolução radical e da "emancipação humana". Resulta do desenvolvimento industrial e de uma nova pobreza propriamente social, inerente às relações capitalistas de propriedade. O proletariado que entra, então, em cena ainda não tem as determinações sociológicas dos alfaiates parisienses, dos tecelões silesianos, ou dos fiadores de Manchester. Ele aparece sob a forma filosófica de um verbo chamado a se transformar em carne. Ele surge indiretamente, como "o elemento passivo" e o "fundamento material" cujas revoluções têm necessidade para se tornarem práticas. A crítica da economia política terá precisamente como tarefa elucidar a lógica imanente da exploração e da luta de classes. Em *Sobre a questão judaica*, a transposição da crítica antropológica da alienação para a crítica da reificação e do fetichismo ainda se encontra apenas iniciada, mas está prestes a levantar voo e a desenvolver toda sua força subversiva contra os sortilégios da modernidade capitalista.

O homem do dinheiro?

O desdobramento do homem e do cidadão se repete no desdobramento entre o "judeu do *shabat*" e o "judeu do cotidiano", o judeu sagrado e o judeu profano. O segundo é a chave dos mistérios do primeiro. Marx inicia através dele sua crítica dos danos do Dinheiro. Na falta de já dispor, em *Sobre a questão judaica*, de uma conceitualização crítica da economia política, sua crítica assemelha-se à crítica moral tradicional, dos dinheiros de Judas aos prodígios da Bolsa em Zola, das maldições contra "o dinheiro sujo" às diatribes de Péguy contra "o espírito dos estabelecimentos de fundos de poupança", da denúncia do espírito de acumulação, feita por Valéry, ao papel simbólico da matéria fecal freudiana. Com a diferença – decisiva – que Marx já estava engajado numa via que o levará à crítica da economia política e a descobrir o segredo do valor. No entanto, em 1844, ele ainda não concebe o dinheiro como equivalente geral da troca mercantil generalizada, como forma suprema do fetichismo da mercadoria, mas somente como fetiche monetário. Como o proletariado da "Crítica da filosofia do direito de Hegel – Introdução", o dinheiro em *Sobre a questão judaica* é um conceito à espera de seu desenvolvimento crítico.

No segundo artigo, no qual se apoia o processo de antissemitismo, Marx associa a figura do judeu do cotidiano ao dinheiro e à agiotagem: "Qual é o fundo profano do judaísmo? A necessidade *prática do lucro pessoal*. Qual é o culto profano do judeu? A agiotagem. Qual é seu deus profano? *O dinheiro*". Essas três linhas renderam muita tinta. Elas abordam o papel social dos judeus na circulação financeira do capitalismo nascente, da usura (à moda de Shylock) à especulação bancária. Isaac Pinto publicou, em 1771, um *Tratado da circulação do crédito*; Jacob Pereire, em 1832, suas *Lições sobre a indústria e as finanças*. Os Rothschild, os Warburg, o seu duplo romanesco Nucingen são emblemáticos dessa acumulação financeira primitiva. A partir de 1820, os judeus financistas tornam-se agentes determinantes do crédito do Estado. Eles dirigem, no mínimo, oito grandes bancos de negócios em Hamburgo, entre eles os dos Warburg, dos Goldschmitt, dos Berenberg e da família Heine. Entre 1820 e 1850, o poder financeiro dos irmãos Rothschild teria quintuplicado[35]. Bauer salientou que "o poder financeiro" dos judeus de Viena é que "determina todo o destino do império". Heine ironizou sobre os "dois distintos rabinos das finanças" (Rothschild e Fould) que simplesmente sua vaidade poderia impedir que desamarrassem os cordões de sua bolsa. O filósofo berlinense, Eduard Gans, que apoiara Leopold Zunz desde 1816 em seu projeto de fundação da *Wissenschaft des Judentums* [Ciência do judaísmo], lamentou a avareza dos mecenas judeus solicitados para financiar o projeto[36].

Essa relação privilegiada dos judeus da Alemanha e da Áustria com o comércio e as finanças é, no início do século XIX, lugar-comum. Mas já era controversa no século anterior. Em *Redenção dos judeus*, Moses Mendelssohn relatou uma objeção repetida em "alguns escritos recentes":

> Os judeus nada produzem; sua condição faz com que não sejam camponeses, artistas, artesãos e, consequentemente, nem ajudem a natureza a produzir, nem transformem seus produtos; eles se contentam em transportar e exportar produtos brutos ou manufaturados de diferentes países de um lugar para outro. Portanto, são apenas consumidores que só podem ser um fardo para os produtores.

A denúncia é clássica, contra um povo improdutivo, parasitário, aninhado nos interstícios das relações mercantis. Mendelssohn retrucou que "produzir não é apenas fabricar, mas também fazer". E fazer é também transportar, diligenciar, facilitar "uma coisa que presta um serviço ou dá uma satisfação ao próximo". Aquele que se entrega a essas atividades "merece mais ainda o nome de produtor" porque "o movimento percebido nas duas extremidades da operação é menos tangível". "Diversos comerciantes fazendo especulações de pé em seu púlpito ou elaborando projetos em sua poltrona produzem, na realidade, mais que o operário ou o artesão que faz mais barulho." Mendelssohn

---

[35] Ver Jacques Attali, *Marx ou l'esprit du monde* (Paris, Fayard, 2005); e também seu *Un homme d'influence, Sir Siegmund G. Warburg (1902-1982)* (Paris, Fayard, 1987).

[36] Sobre essa questão, ver Hal Draper, *Karl Marx's Theory of Revolution* (Nova York, Monthly Press, 1977, vol. I).

Sobre a questão judaica

foi além disso, até transformar a reprovação em elogio: "As relações entre vendedores e compradores, quaisquer que sejam seu estado, sua fortuna ou sua crença, essas únicas e inestimáveis vantagens determinam o valor de todas as coisas, que somente difere do vendedor para o comprador moderadamente". A apologia do capital comercial e da função específica que nela exercem os judeus é transparente.

"A afinidade eletiva" entre os judeus e o poder do dinheiro, lembra Zygmunt Bauman, é no século XIX uma banalidade literária sobre a qual Marx nada inova. Roman Rosdolsky confirma, muito além dos grandes nomes dos bancos e das finanças, esse papel específico dos judeus da Renânia, esses "mercadores de animais que compram de e vendem para pequenos camponeses". Em 1840, de cada mil judeus da Prússia, cerca da metade trabalhava no comércio; aproximadamente um terço de cada três mil mascates da Renânia eram judeus. A comunidade judaica da Europa oriental constituía mais claramente ainda "um povo comerciante", que "tirava grande parte de sua renda da exploração parasitária dos camponeses subjugados". Esse foi o adubo do antijudaísmo desses camponeses, sobre o qual veio se somar mais tarde o antissemitismo racial. Judeu, explorador e capitalista eram, então, quase sinônimos. A equação entre judaísmo e capitalismo, no entanto, já era falsa: a diferenciação de classe das comunidades judaicas havia começado, dando origem a uma pequena burguesia liberal – e ao conflito, salientado por Hannah Arendt, entre judeus ricos e intelectuais judeus, entre os quais Heine, Hess, Marx foram emblemáticos[37] – e a um artesanato proletarizado: "Foi assim que os judeus perderam cada vez mais seu caráter de povo comerciante por excelência e tornaram-se um 'povo-classe', uma nacionalidade moderna"[38].

No entanto, a noção de povo-classe postula uma relativa homogeneidade que estava prestes a se desfazer. Zygmunt Bauman lembra que, na época pré-moderna, os judeus constituíam "uma casta entre outras, um escalão entre outros, um estamento entre outros". Sua especificidade não colocava uma questão espinhosa, pois "as práticas segregacionistas habituais e quase espontâneas impediam que ela se tornasse uma"[39]. Portanto, foi a modernidade que a tornou problemática: "Somente com o advento da modernidade, as diversas visões, logicamente incoerentes, dos judeus como casta estrangeira foram reunidas, confrontadas e, finalmente, amalgamadas" para representar um elemento não nacional no mundo das nações em formação, um "veneno protestante" para Toussenel e, mais comumente, um veneno cosmopolita dissolvente. Ao mesmo tempo, as diferenciações de classe se ampliaram, principalmente entre os judeus da Europa ocidental. A saída do gueto libertara e tornara visível o poder do dinheiro. Desde então, os judeus, entre um status de casta e uma

---

[37] Hannah Arendt, *Les origines du totalitarisme – Sur l'antisémitisme*, tomo II, cit., p. 147.

[38] Roman Rosdolsky, *Friedrich Engels und das Problem der geschichtslosen Völker*, cit.

[39] Zygmunt Bauman, *Modernité et Holocauste*, cit., p. 85.

Posfácio

relação de classe, puderam adquirir o temível privilégio de acumular dois antagonismos de classe opostos: o ressentimento pré-capitalista popular em relação às finanças e o desprezo burguês em relação a um proletariado rebelde. Por isso Bauman falou dos judeus como uma "categoria prismática" (híbrida, entre casta e classe), e Anna Zuk como uma "classe móvel"[40].

Voltaremos à noção discutível de "nacionalidade moderna". É verdade que, ao manter a rígida identidade histórica do judeu e do homem do dinheiro, Marx corria o risco de ir de encontro ao seu próprio método, minimizando as transformações em curso na situação social das comunidades judaicas da Europa – devendo sua atitude em relação à questão judaica parecer cada vez mais anacrônica à prova do tempo. É preciso lembrar ainda que, em 1900, em sua *Filosofia do dinheiro*, Georg Simmel ressaltou também a relação particular dos judeus com o dinheiro: "Não há a menor necessidade de salientar que os judeus representam o mais belo exemplo de toda essa correlação entre a centralidade do interesse pecuniário e a opressão social". Eles simbolizam a abstração monetária e a mobilidade da troca diante do território e do enraizamento. Um povo constituído por mercadores que desempenham um papel fundamental no "sistema da moeda", eles parecem uma engrenagem essencial de "relações sociais mediadas pelo dinheiro". Em 1910, embora Rosa Luxemburgo tivesse familiaridade com a condição dos judeus da Yiddishland e sua opressão, também avaliou que Marx havia compreendido bem "a base social" do problema judaico, quando caracterizou o judaísmo como "o espírito do usurário e do especulador", típico de uma sociedade baseada na exploração e, portanto, também da sociedade cristã[41].

No momento em que Marx publicou seu artigo nos *Anais Franco-Alemães*, o tema do dinheiro era então muito presente na atualidade filosófica. No mesmo ano, Moses Hess redigiu *A essência do dinheiro*, publicado em 1845. Da mesma maneira que Feuerbach revelou a alienação religiosa em *A essência do cristianismo*, Hess denunciou a alienação prática diante da força do dinheiro que "produz homens que se tornam estranhos uns aos outros". Ele afirma que os judeus tiveram "na história natural da fauna social, a missão histórica de revelar o animal predador na história da humanidade", e que vieram "enfim cumprir sua tarefa predestinada". Jamais Marx teria escrito uma frase como

---

[40] Ibidem, p. 82. Anna Zuk, "A mobile class", *Polin*, Oxford, Blackwell, vol. 2, 1987. Essas diferenciações de classe refletem-se no desprezo dos judeus alemães assimilados em relação aos do *Shtetl* polonês, ou ainda na recusa, em setembro de 1940, pelo *establishment* judeu francês dos judeus imigrados do Leste, considerados uma ameaça (ver Jacques Adler, *The Jews of Paris and the Final Solution*, Oxford, Oxford University Press, 1987). Mesmo no gueto, constata Bauman, "a distância que separava as classes sociais era a distância que separava a vida da morte" (Zygmunt Bauman, *Modernité et Holocauste*, cit., p. 238).

[41] Rosa Luxemburgo, "Diskussion", *Mlot*, n. 14, citado por Enzo Traverso, *Les marxistes et la question juive*, cit.

essa, que reduz o judeu de todos os dias à essência teológica do judeu do *shabat*. Deixando de lado qualquer mediação histórica e social, a aproximação grosseira entre judaísmo e dinheiro corre efetivamente o risco de provocar uma recaída no quadro teológico, que Marx exige, ao contrário, suprimir. Mas sua própria simplificação metafórica o expõe à crítica superficial que identifica suas palavras com o discurso geral dos judeus do Iluminismo, que insistiam em se livrar de um pesado arcaísmo comunitário[42].

A identificação do "espírito do judaísmo" ao do capitalismo ressoa também no tom antissemita de Sorel (mas não para Péguy, socialista e depois cristão libertário que, ao contrário, respeita a espiritualidade de um povo sem Estado[43]). Ao evocar em *Le fumier de Job*, o ódio popular em relação aos judeus "com mania de dinheiro", Bernard Lazare vê aí o motivo de sua tentação frequente de se renegar. Ateu e libertário, ele próprio "acordou judeu" diante dos ultrajes reavivados pelo caso Dreyfus. Ele critica o Marx de 1843 por não ter levado suficientemente a sério sua própria ideia de que os judeus se perpetuariam não apesar mas "através da história". O "grande erro" de todos os revolucionários judeus teria sido "terem acreditado que a heterogeneidade dos judeus, sua divisão em classes era recente, e que antes formavam uma massa economicamente homogênea". Em suma: Marx, mais um esforço para ser um materialista crítico consequente! Mesmo que tenha descoberto tardiamente a dimensão específica da opressão, Lazare não reconhecia o antagonismo de classe que divide a comunidade oprimida. Clama contra "a opressão interna", fustiga os "revolucionários na sociedade dos outros e não em sua própria", denuncia a "podridão das altas classes judaicas": "Israel, tu te tornaste adiposo, gordo e obeso!"[44]

Em 1843, Marx não tinha chegado lá. Dificilmente o poderia. Por um lado, as diferenciações sociais da comunidade judaica ainda eram limitadas; e, sobretudo, seu processo de decifrar hieróglifos da modernidade apenas começava. Chegou a procurar o segredo da religião no "judeu real". Esse "fundamento profano" é precisamente a necessidade prática. Seu culto profano, os negócios. Seu deus profano, o dinheiro. O judeu seria, então, devotado ao culto idólatra do bezerro de ouro? Mas a aposta vai além do jogador, pois "emancipar-se *da agiotagem e do dinheiro* [...] seria a autoemancipação de nossa época". "*A emancipação dos judeus*, em sua última acepção, é a humanidade emancipando-se do *judaísmo*." O "homem do dinheiro" contribuiu para fazer do dinheiro "uma potência mundial"; tornou-se uma espécie de holograma ou

---

[42] Encontramos o eco dessas contradições em Kafka (ver Marthe Robert, *Seul comme Franz Kafka*, Paris, Calmann-Lévy, 1979; e Michael Löwy, *Franz Kafka, rêveur insoumis*, Paris, Stock, 2004).

[43] Ver Charles Péguy, "L'argent suite", em *Oeuvres en prose*, cit.; assim como sua magnífica homenagem póstuma a Bernard Lazare, "esse ateu inundado da palavra de Deus".

[44] Bernard Lazare, *Le fumier de Job* (Strasbourg, Éditions Circé, 1990), p. 77.

Posfácio

de metáfora do capital, e o judaísmo, o pseudônimo provisório de um sistema que ainda não recebeu o nome de Capital[45]; "Graças a ele [o *Geldmensch**] e sem ele, o *dinheiro* tornou-se a potência mundial, e o espírito prático judaico tornou-se o espírito prático dos povos cristãos".

"Sem ele" desloca sub-repticiamente a ênfase dos judeus propriamente ditos para os novos judeus que são os cristãos "judaizados"[46]. Muito mais que o judaísmo, o cristianismo aparece cada vez mais, sob sua forma protestante especialmente, como o espírito verdadeiro do capitalismo. O problema levantado não é mais nem confessional nem racial (no sentido moderno); a partir de então, é o da potência abstrata do dinheiro. Ele é o mistério do que Hess denunciava desde 1837 como uma nova "aristocracia" do dinheiro, cuja riqueza não aumenta "a partir de fora" (pela pilhagem), mas "a partir de dentro". Essa prodigiosa capacidade da riqueza engendrar a riqueza, esse autoengendramento do dinheiro, essa imaculada concepção, esse crescimento mágico "a partir de dentro" é o próprio mistério da mais-valia e da acumulação do capital que a crítica da economia política terá a tarefa de elucidar. Isso será feito – e de que maneira! – com o magnífico capítulo sobre a "fórmula trinitária" do livro III de *O capital*, em que se revelam com toda sua amplitude a mistificação da produção capitalista, seu mundo encantado e invertido, e o truque de prestidigitação pela qual a autonomização da esfera do crédito dá a ilusão do dinheiro que faz dinheiro, sem passar pelo momento da produção da qual exsuda a mais-valia.

---

[45] Em *Sobre a questão judaica*, Marx cita o coronel Hamilton, desolado por constatar que o devoto da Nova Inglaterra celebra, por sua vez, o culto de Mammon, considera a terra como uma bolsa, tem como única ambição enriquecer-se em detrimento do vizinho: "O tráfico apoderou-se de todos os pensamentos".

* Homem do dinheiro. (N. T.)

[46] Ver Pierre Macherey, *L'Homme productif*, fotocópia, EMR Savoirs et Textes, Université Lille III, p. 71. Em um artigo sobre a religiosidade mercantil, publicado na *ContreTemps*, Stavros Tombazos escreve: "A economia cristã perfeita, a economia da 'religião positiva do homem privado', é a economia da mercadoria, porque somente '*o pano de fundo humano* da religião cristã' pode realizar-se em relações econômicas humanas, e não seu aspecto transcendente. Portanto, é claro que o fetichismo da mercadoria com todas as suas mistificações é, para Marx, simplesmente a expressão profana da positividade religiosa em seu estado de perfeição. É a mesma relação sujeito-objeto que se expressa tanto no domínio econômico quanto no domínio da 'transcendência' religiosa. De maneira totalmente explícita, a religião 'clássica', para Marx, é apenas um 'complemento' de uma religião positiva e profana, inserida nas próprias relações de produção capitalistas. Nada mais: 'Uma sociedade onde o produto do trabalho humano toma, em geral, a forma de mercadorias e onde, consequentemente, a relação mais geral entre os produtores consiste em comparar o valor de seus produtos, e, sob essa aparência das coisas, em comparar uns com os outros seus trabalhos particulares como trabalho humano igual, uma sociedade como essa encontra no cristianismo, com seu culto do homem abstrato, e sobretudo em seus tipos burgueses, protestantismo, deísmo etc., o complemento religioso mais conveniente'".

Sobre a questão judaica

Enquanto esperava a solução desse enigma, o Marx da "questão judaica" combate o fetichismo do Dinheiro, sem compreender ainda que ele é apenas o resumo do fetichismo da mercadoria e da reificação. Ele quebrou completamente a lógica do interesse egoísta, sem compreender ainda que ela é a expressão da concorrência generalizada. Se a necessidade egoísta prática é exatamente "o princípio da sociedade civil", ela parece manifestar-se rigorosamente a partir do momento em que a sociedade burguesa acaba de criar o Estado político. O Dinheiro torna-se, então, "o valor universal e constituído em si mesmo de todas as coisas", "a essência alienada do trabalho e da vida do homem", "a essência estranha que o domina". Assim, o deus dos judeus "se mundanizou" e "transformou-se em deus do mundo".

A abordagem antropológica da alienação do homem genérico levará desde os *Manuscritos econômico-filosóficos* até a crítica do trabalho. Neles, Marx retoma magistralmente a crítica do dinheiro e de suas mistificações. Mas é somente com os esboços sucessivos de *O capital* que a superação da crítica de Hess da alienação monetária se completará plenamente. Assim, em *Manuscritos de 1857-1858 (Grundrisse)*, quinze anos após *Sobre a questão judaica*, "o homem do dinheiro" do capital não será mais simbolizado pelo judeu (que era, no máximo, sua figura arcaica), mas pelo puritanismo protestante, cujo "culto do dinheiro, a abstinência, o sacrifício, a poupança, e a frugalidade, o desprezo dos prazeres temporais e transitórios do mundo, a eterna caça ao tesouro" ilustram muito mais as virtudes necessárias à acumulação do capital.

O espírito do judaísmo, tal como Marx o imaginou em 1843, aparece então como a denominação metafórica, inexata e balbuciante do que será "o espírito do capitalismo", adequadamente denominado[47]. O capital será, de fato, "o judaísmo que atingiu a dominação universal" – o judaísmo enquanto espírito, obviamente, e não os judeus enquanto nação. Por isso a emancipação social do judeu é vista em 1844 como "a emancipação da sociedade libertada do judaísmo". Se traduzirmos na linguagem da "crítica da economia política": a emancipação social do judeu será a emancipação da sociedade "libertada do capitalismo", cujo conceito Marx ainda não tinha produzido em 1843.

A questão em suspenso

Para Rosdolsky, as lacunas de *Sobre a questão judaica* vêm do fato de que o jovem Marx não teria apreendido a lógica das diferenciações que se davam,

---

[47] Zygmunt Bauman, que não compartilha as acusações grosseiras de Misrahi, constata que "Marx forçou o antissemitismo pré-capitalista a olhar para o futuro e não para o passado", condenando o capitalismo e o judaísmo a uma mesma sorte, devendo a superação do primeiro levar necessariamente ao esgotamento do segundo. Ele acrescenta, no entanto, sem outros detalhamentos, que Marx expressou esse antissemitismo "potencialmente utilizável pela oposição anticapitalista, no dia em que seria aniquilada e abandonada a última esperança de ver no capitalismo uma doença passageira, fácil de eliminar e exorcizar" (Zygmunt Bauman, *Modernité et Holocauste*, cit., p. 91).

Posfácio

sob o choque da acumulação capitalista, no seio do povo comerciante (ou do "povo-classe" na terminologia de Abraham Léon[48]). Dessas diferenciações teria nascido uma "nacionalidade moderna", transformando a questão judaica em questão nacional judaica. No entanto, uma questão nacional singular para uma nação que não conciliava nem a língua, nem o território, nem sequer a fé: uma nação dispersa, uma nação negativa que se perpetuaria pelas experiências históricas do exílio e do êxodo. Mas uma questão nacional que, do mesmo modo, não teria deixado de reagir à opressão, embora fosse possível prever o seu desaparecimento na assimilação e na emancipação universais. O genocídio nazista, o antissemitismo burocrático na União Soviética, a criação do Estado de Israel foram, no século XX, as condições históricas determinantes dessa reação, que veio contradizer o otimismo internacionalista do socialismo judaico e de seus militantes.

Portanto, a crítica de Rosdolsky não se refere a um antissemitismo perfeitamente anacrônico, nem a uma lógica despótica inscrita na crítica dos direitos do homem, mas à subestimação da questão nacional. Entre a "emancipação apenas política" e a "emancipação humana", Marx teria ignorado o momento da emancipação nacional. Essa crítica supõe mais ou menos resolvido o problema conceitual do que é uma questão nacional e do que distingue a "nacionalidade moderna" das noções de povo e de raça. Para precisar do que se fala, a abordagem histórica é mais fecunda do que uma abordagem essencialista ou normativa. A questão das nacionalidades ganha seu sentido moderno com a formação dos Estados-nação europeus, cujo sistema ganha forma com os tratados de Westfália e de Utrecht antes de se consolidar à esteira da Revolução Francesa e com a Primavera dos Povos de 1848 e as unidades italiana e alemã.

Alguns críticos condenaram Marx pelo uso do termo "raça" (*Rasse*) em duas passagens nos textos dos *Anais Franco-Alemães* (mas não no artigo *Sobre a questão judaica*). Esse processo também é anacrônico. De acordo com o *Dictionnaire historique de la langue française*, "raça" designa, em primeiro lugar, uma "espécie de pessoa" em geral, em seguida uma subdivisão hereditária da espécie. Por extensão, a palavra evoca a transmissão de traços hereditários, em alguns casos de maneira elogiosa (cães ou cavalos de raça). No início do século XVI, o termo foi associado ao grupo familiar, à descendência, à linhagem, à filiação, sem consideração morfológica ou fisiológica particular. Foi somente no século XVIII, com o desenvolvimento das narrativas de viagem e de explorações, que se desenvolveu o estudo da variedade etnológica das raças. A palavra conotará, então, sua função política discriminatória, mas não antes de 1857 e do livro de Gobineau, depois da retórica das conquistas coloniais e imperiais vitorianas. Esse século de expansão mundial do capital teve, na verdade, a mania de classificações e de hierarquias. Darwin utiliza indiferentemente os termos raça ou espécie – ou "subespécies", que ele considera mais

---

[48] Abraham Léon, *La conception matérialiste de la question juive* (Paris, EDI, 1968).

conveniente em *The Descent of Man, and Selection in Relation to Sex* (1871) [A descendência do homem, e seleção em relação ao sexo]. Portanto, a "raça" somente reveste seu sentido normativo moderno no início do século XX, com as teses de H. S. Chamberlain e o arianismo de Vacher de la Pouge. Foi em reação a essa exploração política que surgiu o termo racismo, em primeiro lugar na forma de adjetivo – "racista" – e depois na de substantivo – "racismo" –, confirmado a partir de 1924. Raça designa, então, grupos de homens reduzidos à sua natureza biológica, da qual se esperam qualidades animais. Assim, dizem que os judeus formam "um povo no povo, um Estado no Estado, uma raça por si em uma raça estrangeira"[49]. São criticados a partir de então por serem inassimiláveis. Com a racialização do discurso colonial surge, assim, o código linguístico do antissemitismo moderno.

Por um efeito especular, Moses Hess, que em 1845 considerava o judeu o *"Geldmensch"* por excelência, acaba dando em 1862, em *Rom und Jerusalem* [Roma e Jerusalém], a primazia à luta das raças sobre a luta de classes. As quatro nações que, segundo ele, marcam a história moderna (franceses, ingleses, alemães e judeus) tornam-se também raças. Ele se alia assim à biologização da política, reativando o mito do povo eleito original e valorizando o papel da filiação. As "raças históricas mundiais" são concebidas como órgãos da humanidade: "A raça judaica é uma raça original que, apesar das influências climáticas, reproduz-se integralmente. O tipo judeu permaneceu sempre imutável através dos séculos [...]. Se o judaísmo deve sua imortalidade à fertilidade de seu gênio religioso, esse último o deve à fertilidade e inalterabilidade da raça judaica"[50].

Assim termina, para Hess, "o processo de rejuvenescimento das raças históricas mundiais". Aos "povos sem história" de Engels se opõem para ele "as raças históricas", enraizadas em uma natureza original. Assim, "o único povo antigo que subsiste intato em sua força e integralidade reaparece hoje como outrora". Transcendendo a história, ele é "indestrutível". Essa conclusão soa *a posteriori* como um desafio mais sinistro ainda porque existe, para Hess, um antagonismo racial irredutível entre judeus e alemães. Vê-se assim, logo após o fenômeno de mudança do estigma e de inversão de valores, cristalizarem-se de dois lados (o do oprimido e o do opressor) os estereótipos raciais. Encontram-se ecos dessa glorificação do gênio da raça (dos senhores?) nas narrativas épicas da colonização da Palestina e do nascimento do "judeu novo", viril, louro, trabalhador e guerreiro[51].

---

[49] Adolf Stoecker, *Le judaïsme em Allemagne* (1880).

[50] Moses Hess, *Rom und Jerusalem*, citado por Jacques Aron, *Karl Marx, antisémite et criminel?*, cit., p. 153. Pierre Birnbaum vê, nessa volta ao judaísmo, uma adesão ao "projeto sionista" contra a "Reforma racionalista que renega a essência do judaísmo". Tratar-se-ia mais do esboço de um projeto ainda não anunciado.

[51] "Uma exposição, no museu de Israel, de cartazes dos anos 1940 e 1950, evidenciou a imagem que, na época, os israelenses tinham de si próprios, e o modelo escolhido para

Posfácio

Roma e Jerusalém tem o subtítulo *Die letzte Nationalitätenfrage* [A última questão nacional]. Aquele que se denominava Maurice, em Paris, volta a ser Moses: "Eis-me aqui de volta a meu povo". O judaísmo tende, a partir de então, a ser concebido por Hess como uma nacionalidade fundada no direito de sangue e não como uma concepção moderna da cidadania. É-se judeu "de nascimento". A filiação e o laço de sangue retomam seus direitos. Desde então, a superação do judaísmo na cidadania universal aparece como traição não só religiosa, como também tribal. O "judeu moderno" que renega sua nacionalidade judaica não é mais apenas um renegado religioso, "é um traidor de seu povo, de sua tribo, de sua família [...] Continuaremos estrangeiros entre as nações". Portanto, para Hess, é radical a ruptura com um "humanismo filosófico alemão" para o qual era inconcebível o combate das nacionalidades".

O que, na realidade, Robert Misrahi critica em Marx não é, como Rosdolsky, ter ignorado uma questão nacional específica, mas não ter adotado uma posição protossionista numa época em que o sionismo não existia nem sequer para Hess, que esboçou a ideia apenas em 1862. Desde que *L'État des juifs* [O Estado dos judeus], de Herzl, tornou-se com o tempo o "État juif" ["Estado judaico"] simplesmente, o projeto sionista deu as costas categoricamente para a "emancipação humana" em benefício da emancipação estatal dos judeus e à custa da opressão de um povo condenado, por sua vez, à ocupação e ao exílio. Embora a fundação de um Estado-refúgio fosse, após o genocídio, contestável mas compreensível – uma falsa resposta a uma aspiração legítima de segurança – não tomou a forma de uma colonização habitual que impunha sua dominação a uma população autóctone, mas a de uma negação pura e simples do fenômeno palestino, indispensável à mitologia tranquilizadora da "terra sem povo"[52].

Embora a emancipação política continue a ser, para Misrahi, "o início de um combate a ser feito", ela não é mais, na perspectiva sionista, o prelúdio da emancipação humana, mas da restauração nacional, o que Hess denomina "a saída do terceiro exílio" ou a "reconstrução do Terceiro Templo". Essa perspectiva se opõe não só a Marx, mas também aos judeus do Iluminismo e aos judeus liberais, como Gabriel Riesser, exigindo do Estado político a suspensão de qualquer discriminação jurídica entre alemães e situando-se na perspectiva laica que Misrahi precisamente recusa e afirma: "A doutrina de Riesser é de conteúdo discutível", pois "nega que os judeus formem uma nação". Disso, pode-se deduzir que Misrahi recusava inteiramente a maneira como Samuel Hirsch[53] reconhecia uma "nacionalidade espiritual" (sem dúvida, hoje diríamos

---

as próximas gerações. Triste ironia da história, esse modelo é o tipo ariano dos cartazes de propaganda nazista" (Michel Warschawski, *Israël-Palestine. Le défi binational*, Paris, Textuel, 2001, p. 52).

[52] Ver, principalmente, Elias Sanbar, *Figures du Palestinien* (Paris, Gallimard, 2004).

[53] Gabriel Rissier e Samuel Hirsch foram, na comunidade judaica alemã, os porta-vozes

"cultural") dos judeus, preservando a singularidade de um povo sem Estado nem território. A judeidade profana, no entanto, extravasava realmente o judaísmo religioso e vinha, na agitação da Primavera dos Povos, confundir o jogo das definições classificatórias. Uma vez que o povo judaico não se definia mais por sua Lei, como ele ainda constituía um povo ou uma nação?[54]

Diante da transformação incerta dos judeus, entre a "nação" confessional na diáspora – no sentido antigo do termo – dilacerada sob o efeito das diferenciações sociais, e uma "nação" territorializada – no sentido moderno – que não chega a se constituir, Marx teria cometido o erro de não procurar "restaurar os direitos da nação judaica"[55]. Misrahi pressupõe, assim, uma nação eterna, cuja restauração seria a bíblica do Templo sempre reiniciado. Essa narrativa das origens superpõe-se à visão historicista de Hess, que considerava a questão judaica em 1862 uma anomalia histórica, um atraso a ser compensado ou "a última questão nacional" a ser resolvida para colocá-la, por um restabelecimento estatal e territorial, em uníssono com outras nações modernas. "A aquisição de um solo nacional comunitário" e "a criação de empresas judaicas de acordo com os princípios mosaicos – ou seja, socialistas" (!) eram, para Hess, "os fundamentos sobre os quais o judaísmo poderia se erguer no Oriente e de onde poderia ressurgir a chama do patriotismo judaico".

O projeto imaginado em *Roma et Jérusalem* inspirava-se em um livro, publicado em 1860, de Ernest Laharanne – *La Nouvelle Question d'Orient. Empires d'Egypte et d'Arabie; reconstitution de la nationalité juive* [A nova questão do Oriente. Impérios dos Egito e da Arábia; reconstituição da nacionalidade judaica] – e num texto do rabino de Torun, Kirsch Kalischer, que acabava de esboçar um programa de colonização da Palestina. Segundo Laharanne, os judeus estavam em boa posição para desempenhar o papel de mediadores entre o Oriente e o Ocidente, "entre a Europa e a Ásia mais distante" e para constituírem "o polo moral do mundo no Oriente". Quanto a Kalischer, incitava a reunir dons financeiros para adquirir cidades, campos, vinhedos e fertilizar

---

liberais da reivindicação dos direitos cívicos para os judeus. O primeiro foi presidente da Dieta de Frankfurt durante a revolução de 1848.

[54] De acordo com o *Dictionnaire historique de la langue française*, "nação" é derivada de "nascer" e, em primeiro lugar, ganhou um sentido genealógico e depois, por extensão, de comunidade de língua ou cultura, ou de colônia de mercadores em país estrangeiro. Ela se aplica, em seguida, "ao conjunto de indivíduos unidos por uma comunidade de interesses". É possível constatar os limites das tentativas de definição formal. Somente a abordagem histórica faz avançar a questão. No sentido moderno, nação corresponde à emergência de um Estado territorial que delimita um mercado, podendo assim perfeitamente o Estado-nação ser pluriétnico, plurilinguístico e plurinacional. Povo em diáspora, os judeus constituem uma nação no sentido antigo do termo, uma nação sem Estado, em transição, em vias de secularização, no quadro do paradigma político da modernidade que se consolida no século XIX.

[55] Robert Misrahi, *Marx et la question juive*, cit., p. 248.

Posfácio

esse "país desabitado" (já!): "Homens de nossa estirpe (*Stammesgenossen*), formados militarmente, deveriam ser encarregados da defesa contra os ataques dos beduínos, das tarefas da polícia, de estabelecer a ordem no país". Tudo está aí – bem antes do traumatismo do caso Dreyfus: a estirpe (etnológica) e o projeto de um Estado militar-policial, fortaleza avançada da Europa em terra de conquista[56]. Como salienta Jacques Aron, o protossionismo de Hess designa um território reservado à "criação de empresas judaicas na agricultura, indústria e no comércio". Preconizando, no momento em que se constrói o canal de Suez, "a colonização judaica na futura via para as Índias e a China", ele se insere na lógica da expansão colonial e anuncia o "trabalho judaico" da futura central sindical Histadrout, com a expulsão pura e simples, em contrapartida, do "trabalho árabe".

Nessa época de colonialismo e imperialismo conquistadores, o patriotismo à antiga de Hess estava destinado a se transformar em nacionalismo exclusivo e opressor. Chegando a um Estado fundamentado na expulsão de um povo, enquanto tinha início o declínio dos Estados-nação, ele não deveria constituir uma nação moderna, um cadinho político, mas um Estado arcaico, fundamentado no direito de sangue, minado pela contradição fundadora entre sua definição étnica e teocrática e sua pretensão de respeitar as condições de cidadania de uma nação moderna. Esse duplo princípio fundador é a verdadeira maldição mortal do Estado sionista povoado pelo fantasma de Massada.

Portanto, duas orientações se opõem radicalmente. Em 1843, Marx preconiza uma emancipação política dos judeus na perspectiva da "emancipação humana", contra a restauração de uma "nacionalidade quimérica". Em 1862, Hess preconiza a "conquista do solo nacional" contra "a emancipação quimérica". Sua descendência ideológica – de Léo Pinsker a Theodor Herzl e a Max Nordau – vai se consagrar a exportar a crise europeia para a Palestina, no quadro da expansão imperialista rumo ao Oriente.

A concepção materialista da questão

Talvez Marx fosse, até certo ponto, vítima de ilusões do progresso características de seu século e de um otimismo histórico exagerado, prevendo o desaparecimento dos particularismos nacionais no cadinho universal da sociedade sem classes. Privadas de sua função social específica nos interstícios do mosaico feudal, as comunidades judaicas pareciam condenadas, nessa perspectiva, a

---

[56] Desde 1800, a ideia da "restauração dos judeus" surgiu ligada ao papel do Império britânico. Em 1800, foi publicado em Londres um ensaio de James Bicheno sobre *A restauração dos judeus*, seguido em 1804 de um *Para combater os preconceitos acerca da nação judaica*, de Thomas Witherby, e depois *Melodias hebraicas*, de Byron. Já em 1838, lorde Shaftesbury demandou a implantação, na Palestina, de um "estabelecimento judaico garantido pelas grandes potências"! E, em 1851, Laharanne sugeriu, para os judeus do Oriente, "um Estado judaico de Smyrne a Suez".

Sobre a questão judaica

uma dissolução rápida por assimilação. A conservação de uma consciência etnocultural parecia consequentemente reacionária. Os *pogroms*, no Leste, e o caso Dreyfus, na França, vieram desmentir essa visão promissora. Bernard Lazare conclui que era ilusório acreditar que a "questão" estava resolvida: "Os judeus da Espanha, dos quais diz o *Romancero* que, cavaleiros, eram considerados cristãos; os judeus da Polônia que usavam espada; todos aqueles da França, da Inglaterra, da Alemanha, transformados em cidadãos..., todos acreditavam que a questão estava resolvida"[57]. A assimilação bloqueada e o desenvolvimento do antissemitismo racial relançavam como um bumerangue o enigma não resolvido dessa "nação" indefinível. Para os herdeiros de Marx (assim como para Ernest Renan), a nação moderna não era um dado mineral ou zoológico, mas o produto histórico do desenvolvimento do mercado e de sua unificação estatal. O que fazer, então, com uma "nação" sem Estado nem território?

Na Europa oriental, somente um núcleo restrito da *intelligentsia* pôde assimilar-se. O movimento operário judaico nascente foi, em compensação, o campo de uma tomada de consciência nacional que ele se esforçou para conciliar com seu internacionalismo socialista. O resultado disso foi um conjunto de elaborações teóricas às vezes descritas como "judaico-marxistas". À atitude resolutamente assimilacionista da maioria dos socialistas alemães e austríacos correspondia uma pluralidade de abordagens dos socialistas do império czarista. Os social-democratas russos e poloneses eram sobretudo assimilacionistas; os bundistas* eram partidários da autonomia nacional no âmbito da Polônia e da Rússia; algumas correntes minoritárias, enfim, declaravam-se sionistas socialistas[58]. Para Lenin, Martov, Trotski e Rosa Luxemburgo, a perspectiva dominante era a assimilação; Vladimir Medem e Ber Borochov reivindicavam, para os judeus da Europa oriental, o direito a uma existência nacional própria. Mas, convencidos de que o desenvolvimento do capitalismo tenderia cada vez mais a dissociar nação e território, tentavam pensar a nação de modo diferente. Consequentemente, julgavam que o projeto de reterritorialização sionista era realmente reacionário, assim como mostrou a resolução do IV Congresso do Bund em 1901: "O Congresso considera o sionismo como uma reação das classes burguesas ao antissemitismo e à situação jurídica anormal do povo judaico. O Congresso considera sem qualquer interesse o objetivo final do sionismo político, ou seja, a obtenção de um território para o povo judeu". Dois anos depois, o V Congresso confirmou essa posição:

---

[57] Bernard Lazare, *Le fumier de Job*, cit., p. 83.

* Adeptos do movimento de operários judeus, denominado, em iídiche, Algemeyner Yidisher Arbeter Bund in Lite, Poyln un Rusland ou simplesmente Bund. (N. T.)

[58] Arno Mayer distingue, assim, os "assimilacionistas radicais", que pretendem apagar as características do passado em prol de uma integração total, e os "assimilacionistas parciais", fiéis à tradição, mas partidários de uma ortodoxia mais maleável e de uma secularização da judeidade.

Posfácio

> Considerando que, supondo o antissemitismo eterno, o sionismo propõe instaurar um Estado de classe em Eretz Israël (Palestina), com o objetivo de dissimular o antagonismo de classe por trás dos pretensos interesses nacionais gerais, o Congresso considera necessário combater o sionismo, através de suas correntes, em todos os seus matizes.[59]

Em seus rascunhos de *Le fumier de Job*, Bernard Lazare, que tinha tomado consciência dos limites da assimilação, através do caso Dreyfus, tentou responder a uma questão nacional original sempre sem resposta: "A assimilação não é o fim da miséria. A emancipação não é a assimilação. Para eles e para os povos entre os quais eles vivem, é preciso que os judeus continuem a ser judeus". Que permaneçam sem se separar? Que permaneçam "no meio" dos outros? Como uma nação em diáspora? "Pois, se eles se cristianizam, é um fermento de revolução e de emancipação do mundo que desaparece"[60], continuou Lazare. A perpetuação de uma identidade na diáspora justificava-se, então, para ele pela vocação revolucionária de um povo de vanguarda.

Contra essas tentativas de analisar a questão judaica nos termos de uma nação desterritorializada, a ortodoxia assimilacionista dominante apoiava-se, para Kautsky, na noção de "povo-casta", referindo-se aos povos comerciantes da Antiguidade descritos por Marx em *O capital*: esses povos que viviam "como os deuses de Epicuro nos entremundos, ou sobretudo como os judeus nos poros da sociedade polonesa". Kautsky constatou que o povo judaico tendia a perder através da história o que teria podido fazer dele uma nação moderna – a língua comum e o território – para conservar como laço apenas sua função econômica nos interstícios da sociedade pré-capitalista. Por isso ele parecia uma casta. O conceito de "povo-classe", desenvolvido por Abraham Léon[61], reatualiza essa problemática com a esperança de resolver "o problema principal da história judaica, o da manutenção do judaísmo". O termo classe, em substituição a casta, no entanto é totalmente discutível. Não só a especialização socioeconômica tardia dos judeus não dá conta de sua manutenção em dois milênios, mas a estrita reprodução fechada de uma função social corresponde mais às sociedades hierárquicas ou holistas tradicionais do que às sociedades abertas modernas[62]. Casta ou classe, o único destino desse povo disperso – Kautsky e Léon conseguiram convergir nesse ponto apesar de sua querela – era dissolver-se na universalidade da revolução social.

---

[59] Ver Arieh Yaari, *Le défi national* (Paris, Antthropos, 1978, vol. I), p. 184.

[60] Bernard Lazare, *Le fumier de Job*, cit., p. 83.

[61] Abraham Léon, *La conception matérialiste de la question juive*, cit.

[62] Ilan Havély salienta os limites das categorias em movimento: "Povos, classes, ordens, castas: tantas aproximações para formações em movimento ou inacabadas, cuja história e a configuração bifurcam ao sabor das incertezas da guerra, e que são simplesmente o que são em um momento ou em outro desses destinos variáveis, qualquer que seja, por outro lado, a ideia que elas têm de si próprias" (Ilan Havély, *Question juive*, Paris, Éditions de Minuit, 1981).

Sobre a questão judaica

No mundo muçulmano, o povo judaico era delimitado pela institucionalização jurídica da filiação. O direito islâmico consagrou, de fato, a existência de comunidades judaicas e cristãs como entidades sociais e corpos políticos, perseguidos ou protegidos de acordo com as circunstâncias por razões políticas. Mas "fora a ascendência", os judeus "tinham unidade somente em relação aos outros"[63]. Em seu prefácio de 1968 a *Peuple juif ou problème juif* [Povo judaico ou problema judaico], Maxime Rodinson propõe completar Léon para "reforçá-lo": o jovem marxista belga poderia ter se enganado com uma hipótese ou outra, mas tinha razão na principal: "O judaísmo se explica pela história e não fora dela. Ele não tem direito a nenhum privilégio científico nem moral. Não havia necessidade divina nem extrarracional para a perpetuação da religião ou do povo judaico enquanto tal". De Hess a Ben Gourion *via* Herzl, o sionismo se inscreve realmente no quadro – profano – da expansão europeia em direção ao Terceiro Mundo. E o genocídio deu-lhe uma terrível vitória à custa da destruição dos judeus da Europa.

Embora "a concepção materialista da questão judaica" tenha se revelado fecunda, ela fez pouco caso da "não contemporaneidade" das relações sociais articuladas, em determinada época, numa formação social, e de sua eficácia simbólica. Povo-casta ou povo-classe, os judeus são efetivamente também um povo-Lei. Situam-se, assim, no ponto de sobreposição ou de interseção entre o antigo regime das ordens e dos estamentos e as relações de classes da sociedade moderna. O direito transmitido pelos textos sagrados regulamenta a prática social da comunidade: "Ele restitui a imagem de uma sociedade que preserva sua coesão na lei e sua autossegregação entre as nações [...] O que se mantém é que a comunidade tira sua coerência de sua lei", de uma lei que lhe repete que ela é um povo eleito e fomenta a ideia de sua sobrevivência "fora das formas político-estatais da existência nacional"[64].

Cheia de rebotes e de bifurcações, a história é mais astuciosa do que podem imaginar um evolucionismo vulgar e uma filosofia especulativa da história universal. O otimismo assimilacionista foi quebrado entre o desastre do genocídio e a desilusão do antissemitismo burocrático. Entre o stalinismo e o nazismo, a questão judaica começou a gaguejar pateticamente em vez de apaziguar-se[65]. Após Auschwitz, ela voltou mais forte do que havia voltado após

---

[63] Maxime Rodinson, *Peuple juif ou problème juif* (Paris, Maspero, 1981, Petite collection).

[64] Ilan Havély, *Question juive*, cit., p. 67-70.

[65] Embora o genocídio, de um lado, e as manifestações de antissemitismo burocrático, de outro, constituam dois fortes motivos da retomada da questão judaica, não são por isso simétricos como pretende a tese, a partir de então banal, dos "totalitarismos gêmeos". Embora os judeus soviéticos muitas vezes tenham servido de bodes expiatórios para a burocracia, não se tratou de um antissemitismo racial teorizado e oficializado. Tendo sido a denúncia do judeo-bolchevismo um dos temas favoritos da reação desde a Revolução Russa, mesmo na época do stalinismo o regime soube alternar os períodos de estigmatiza-

Posfácio

o *pogrom* de Kichinev e o processo Dreyfus. Enquanto diversos judeus intelectuais voltaram-se, no início do século, para o movimento socialista de modo a escapar da tenalha do antissemitismo e do judaísmo identitário (um comunismo marcado por uma desconfiança libertária de que a tradição de uma comunidade sem Estado perpetua entre eles), a corrente sionista saiu fortalecida da tragédia do genocídio. A questão judaica foi novamente lançada "na e pela história", como o constatou, por sua vez, Raymond Aron:

> A noção de assimilação total que, durante muitos anos, pareceu uma evidência, não me parece mais tão evidente devido a acontecimentos irreparáveis que simplesmente nos mostraram que, na comunidade à qual nos achávamos muito profundamente ligados, puderam ocorrer acontecimentos que levaram o problema a readquirir uma intensidade extrema.[66]

Reduzindo o antissemitismo a um resíduo religioso do passado, os clichês positivistas da II Internacional subestimaram seu caráter plenamente contemporâneo: o antissemitismo racial marcou, de fato, a passagem da judeufobia tradicional de coloração religiosa a uma nova forma de ódio racista. A questão judaica ressurgiu, então, como uma questão nacional atípica e intempestiva. No que diz respeito aos judeus da Europa central, a ideia da questão nacional era admitida havia muito tempo pelo movimento operário, não sem hesitações e contorções teóricas. Declarando-se "panrusso", o congresso constitutivo do Partido Social-Democrata russo de 1898, do qual três de nove delegados eram também membros do Bund, reconheceu-a de fato. Para os bundistas, entretanto, nação significava entidade cultural mais do que formação socioeconômica; Vladimir Medem também deu pouca importância às "superestruturas" religiosas na perpetuação da nação. Em compensação, para Simon Doubnov, o judaísmo religioso constituía uma forma de delimitação jurídica do "povo eleito" enquanto nação de não prosélitos. Consequentemente, adotou uma definição ampla da nação judaica e condenou o "chauvinismo linguístico" que pretendia reduzi-la à *yiddishkeit*.

A reticência em admitir a dimensão nacional da questão judaica – Rosa Luxemburgo negou-a categoricamente – era claramente política. Ela exprimia o temor de que a autonomia cultural, mesmo sob a versão da esquerda dada por Ber Borochov, fosse na prática reduzida a uma fórmula de compromisso com o sionismo e a uma legitimação involuntária do projeto estatal que visava recolocar em sua base produtiva a pirâmide social invertida da comunidade judaica. No entanto, o Bund propunha uma via alternativa: a reivindicação de uma "nação cultural" (de uma "nação espiritual", teria dito outrora Samuel

---

ção (no momento dos processos de Moscou, o dos médicos e também dos ex-brigadistas na Tchecoslováquia e na Hungria), e os períodos de mobilização comum na luta contra o fascismo e o nazismo.

[66] Raymond Aron, *Essais sur la condition juive contemporaine* (Paris, Éditions de Fallois, 1989).

Hirsh), ao contrário de uma concepção racial ou territorial, era incompatível com a reivindicação de enraizamento num pedacinho de terra ocupada. Tradutor, em 1896, do *Manifesto Comunista* para o iídiche, Chaïm Jitlovsky foi o primeiro a evocar uma "autonomia nacional judaica na diáspora". Para os bundistas, enquanto subsistisse uma opressão específica, a questão nacional judaica não poderia ser resolvida nem pela assimilação pura e simples, nem pela migração para a Palestina. Sua concepção de uma nação de diáspora e cultural opunha-se inteiramente ao territorialismo e ao estatismo sionistas.

Enquanto Lenin mantinha a alternativa apresentada por Engels entre "assimilação das nações sem história" e "separação das nações históricas", a perspectiva da autonomia nacional tentava superá-la. Enzo Traverso evoca-a com simpatia, mas não diz mais sobre ela, deixando aberta a questão de saber se a hipótese da autonomia cultural era historicamente condenada (em um mundo onde a fragmentação da relação entre Estado, nação, povo e território tende a reduzir a questão nacional a uma definição étnica e confessional da nação) ou se ela podia abrir pistas promissoras. Essa não é a única questão em suspenso. Uma das primeiras medidas tomadas pelo governo provisório após Fevereiro de 1917 na Rússia foi revogar a legislação discriminatória contra os judeus. Embora Lenin pensasse, em 1903, que a ideia de uma nação judaica era "falsa e reacionária em sua essência", "absolutamente inconsistente do ponto de vista científico"[67], dez anos depois considerou, em suas notas críticas de 1913 sobre a questão nacional, a "nação judaica" como "a mais oprimida e a mais perseguida". Ele entendia, então, por nação somente os judeus da Yiddishland e não todo o povo bíblico disperso. Criticou Otto Bauer por ter excluído de seu projeto de autonomia cultural das nacionalidades entrelaçadas no império austro-húngaro "a única nação extraterritorial"[68]. Para Lenin, os judeus deveriam ser tratados, a partir de então, como uma nação entre outras no âmbito da política das nacionalidades. No dia seguinte à Revolução de Outubro, a realidade nacional judaica foi assim reconhecida na Constituição soviética, e a eleição de Jacob Sverdlov à presidência da República dos Sovietes representou um desafio simbólico ao antissemitismo dos "brancos".

Para Lenin e Trotski, o objetivo continuava a ser a assimilação na perspectiva universal da luta de classes mas, para remover qualquer obstáculo à unificação dos proletários, tratava-se de vencer a desconfiança das nacionalidades oprimidas reconhecendo seus direitos à autodeterminação e à independência se elas o decidissem. Portanto, os dirigentes bolcheviques não partiam de critérios normativos que definissem abstratamente uma nação, mas de situações históricas concretas. De acordo com a lógica de Marx, opunham uma concepção

---

[67] Ver Lenin, "Un pas en avant, deux pas en arrière" (1904), em *Oeuvres choisies* (Moscou, Éditions du Progrès, 1985), p. 211-44.

[68] Ver Otto Bauer, *La question des nationalités et la social-démocratie* (Paris/Montreal, EDI/Arcantères/Guérin Littérature, 1988).

Posfácio

materialista e histórica da questão judaica à sua concepção teológica. O povo judaico se mantinha após séculos de diáspora, não em virtude de uma missão teológica, mas de uma função social específica, desempenhando na época da acumulação do capital o papel de "intermediários indispensáveis a uma economia mercantil". Essa interpretação, todavia, não dava conta da diversidade de situações, principalmente entre os judeus do *Ostjudentum* e os da bacia do Mediterrâneo. Aqueles que insistem na cacofonia linguística das comunidades disseminadas aos quatro ventos subestimam, assim, a eficácia cultural de uma religião que não tinha sido reduzida a uma crença privada – uma espécie de moral doméstica – numa sociedade capitalista desenvolvida, mas continuava a ocupar, ao menos parcialmente, a função de ligação política, ideológica e jurídica que ela não tinha tido nas sociedades pré-capitalistas. Na verdade, a lei mosaica ditava uma política e uma moral. Repetia a seus fiéis que eles formavam um povo, e mais, um povo eleito. Assim, ela foi um fator delimitador de uma comunidade de não prosélitos perseguida e um obstáculo à sua dissolução na universalidade cristã.

O ensaio de Abraham Léon, redigido aos 26 anos de idade em plena guerra, constitui uma contribuição preciosa à "concepção materialista da questão judaica". No entanto, não encerra o debate. Encontraria a questão judaica uma resposta definitiva na fragmentação do povo-classe, dilacerado entre a proletarização, a promoção burguesa do novo-rico, e o rebaixamento de classe do intelectual pária? Quando seu soclo social explodisse com o choque da acumulação capitalista, a judeidade seria reduzida a um fóssil histórico? O judeu sobreviveria, então, como um fantasma, ou renasceria na forma de um israelense marcial e conquistador? É novamente "na e pela história" que a questão rebate, pegando no contrapé o prognóstico otimista de seu desmoronamento puro e simples.

Em 1903, Lenin e Trotski estavam tão confiantes na vocação de emancipação universal do proletariado, quanto a burguesia de 1789 tinha estado no início libertador dos direitos do homem. Depois, vieram o genocídio nazista e as ofensivas antissemitas stalinistas. As belas certezas do debate de 1903 com o Bund deram lugar a dúvidas. A constatação amarga de Trotski em 1937 é uma prova disso: "Quando jovem, tinha muita tendência a prognosticar que os judeus de diferentes países seriam assimilados e que a questão judaica desapareceria assim quase automaticamente. O desenvolvimento histórico do último quarto de século infelizmente não confirmou essa perspectiva"[69]. Um ano depois, ele avaliou que a questão judaica "tornara-se de enorme importância para nosso partido". Ele foi dos poucos a prever, desde 1938, a lógica implacável do genocídio: "É possível imaginar, sem dificuldade, o que aguarda os judeus a partir do início da futura guerra mundial. Mas, mesmo sem guerra, o próximo desenvolvimento da reação mundial significa quase com certeza o

---

[69] Leon Trotski, *Oeuvres* (Paris, EDI, 1982, tomo XII), p. 111.

extermínio físico dos judeus". Concluiu, entretanto, que seu destino "não só político como físico" estava ligado mais do que nunca à "luta emancipadora do proletariado internacional"[70].

"Na e pela história"? Pelo genocídio então. Mas também pelo fato de que a primeira revolução socialista vitoriosa, longe de resolver a questão judaica no sentido da "assimilação socialista e internacionalista", não impediu as perseguições stalinistas, a tragicomédia do Birobidjan, o sinistro processo dos médicos, a execução de Slansky, o aprisionamento de London, a perseguição de judeus resistentes, como Léopold Trepper, ou dos antigos brigadistas judaicos da guerra da Espanha. Isaac Deutscher considera que os judeus, mais educados que a média da população russa, integraram-se em massa à burocracia média após a abolição do *numerus clausus* czarista. Tornaram-se assim os bodes expiatórios inteiramente designados e o exutório, por excelência, das queixas antiburocráticas, tomando o antissemitismo stalinista o lugar do velho antissemitismo popular. Além disso, os velhos judeus internacionalistas, que dificilmente poderiam se converter aos charmes do socialismo em um único país e se transformar em servidores zelosos do chauvinismo grande-russo, forneceram um forte contingente das oposições de esquerda ao Termidor soviético.

Enfim, o terceiro motivo da volta da questão judaica (com o genocídio nazista e a reação burocrática na União Soviética) foi a própria fundação do Estado de Israel[71] e de uma nação territorializada, que cristaliza e alimenta as angústias da diáspora. Nathan Weinstock lembra que a formação dessa entidade nacional começou antes mesmo da criação do Estado:

> Assim se desenvolve gradualmente na Palestina, no início do século, uma sociedade judaica autônoma, dotada de uma classe operária própria e de uma burguesia embrionária, misturando em um conjunto nacional homogêneo os colonos sionistas provenientes de horizontes diversos e a população judaica autóctone. A adoção de uma língua comum, o hebraico, consolida a coesão da nova entidade. Desde esse momento, assiste-se à constituição de uma nova nacionalidade no Oriente Médio, resultante do processo específico da colo-

---

[70] Ibidem, tomo XIX, p. 272.

[71] Para combater essa concepção étnica da nação sem negar, por isso, a existência de um fato nacional israelense, Weinstock e Halévy falaram de "dessionização". "Os revolucionários israelenses pretendem a destruição das estruturas socioeconômicas e políticas opressivas e coloniais de Israel [...]. Um programa como esse pode ser concebido num ambiente unitário palestino, assim como numa estrutura federal ou confederativa, ou mesmo numa coletividade árabe. O essencial é compreender que não é possível escamotear, por meio de artifícios verbais, o problema nacional israelense. A destruição das estruturas sionistas de Israel deixa o espaço livre para um grande número de fórmulas institucionais" (Nathan Weinstock, "Sionisme, antisionisme, désionisation", *Quatrième internationale*, n. 46, out. 1970). "Essa refundição, que denominamos dessionização, não implica obrigatoriamente o desmantelamento da formação social israelense, nem tampouco a negação dos direitos nacionais do povo israelense. Ela implica apenas o fim do *apartheid* e a instauração de uma democracia para as duas comunidades" (Ilan Halévy, *Question juive*, cit, p. 280).

Posfácio

nização sionista separatista e do *melting-pot* judaico palestino: a nação israelense em gestação.[72]

Uma vez criado, o Estado de Israel não vai parar de apagar os traços da espoliação, tornando a Palestina invisível e dissolvendo a figura do judeu palestino na entidade israelense.

A partir do momento em que a velha questão relançada pelo genocídio se cristaliza em torno de um Estado étnico e colonial não se poderia superestimar a repercussão dessa fundação estatal. O genocídio nazista já havia juntado sob a mesma perseguição sefardis e asquenazes. A diáspora do Magreb e do Machrek foi, em seguida, sacudida pela descolonização e pelo conflito judeu-árabe. A relação dialética entre o Estado-nação israelense e a diáspora tornou-se, então, ainda mais complexa porque cerca de dois terços da população judaica israelense são de origem sefardi. Ela permite às instituições comunitárias judaicas da França e dos Estados Unidos conciliarem assimilação socioeconômica e manutenção de uma identidade nacional por procuração. Vladimir Rabi salientou, desde os anos 1970, a singularidade desse novo sionismo: "Um sionismo estranho, um sionismo sem participação financeira (os 700 mil judeus da França participam menos que os 19 mil da Suíça); sem *alya**(uma média de mil por ano) e sem poder político. É o que se pode chamar de sionismo por procuração". Em seguida, a participação financeira talvez tenha aumentado, a *alya* teria triplicado, mas seu aumento seria amplamente compensado por uma importante taxa de retorno. A verdade é que as instituições comunitárias, como o Crif**, comportam-se cada vez mais muitas vezes como delegações oficiosas do Estado de Israel[73].

Condenada à extinção pura e simples pelos socialistas do século XIX, a "questão judaica" persistiu no século XX sob o triplo efeito do genocídio, da reação stalinista e da estatização sionista. Isaac Deutscher constatou com amargura:

> Auschwitz foi o terrível berço das novas consciência e nação judaicas. Nós que rejeitamos a tradição religiosa, pertencemos agora à *comunidade negativa*

---

[72] Nathan Weinstock, *Le sionisme contre Israël* (Paris, Maspero, 1967).

* Migração judaica para o Estado de Israel. (N. T.)

** Conseil Représentatif des Institutions juives de France (N. T.)

[73] Ernest Gellner expressou sua perplexidade diante da criação do Estado de Israel: "Criou-se uma nação a partir de um nacionalismo semirreligioso, semimitológico". Uma "quase nação", atenuou Aron. Hannah Arendt achou caro o preço desse Estado-nação artificial: nem mais nem menos que a identidade judaica. Para ela, o judaísmo não poderia existir fora da ortodoxia religiosa. Fora, restam apenas "pessoas de origem judaica", formando um bando. Se se renuncia ao judaísmo religioso e se se recusa o estatismo sionista, o ser judaico se encaminha, de fato, para a assimilação no espaço público, e sua judeidade secularizada transforma-se em atributo pessoal – psicológico – privado. Quanto mais se esfuma a eleição original do judeu do *shabat*, mais sua judeidade tende a se tornar lancinante, ou até mesmo neurótica.

Sobre a questão judaica

daqueles que foram expostos tantas vezes na história e em circunstâncias tão trágicas à perseguição e à exterminação. Para aqueles que sempre salientaram a identidade judaica e sua continuidade é estranho e triste pensar que ela deve seu novo direito de vida à exterminação de seis milhões de judeus. Eu teria preferido que os seis milhões de homens, mulheres, crianças sobrevivessem e que a Juderia desaparecesse. Ver a fênix da Juderia renascer das cinzas de seis milhões de judeus, que ressurreição essa![74]

Numa perspectiva semelhante, Maxime Rodinson considerou que

o judaísmo foi conservado pelo antissemitismo e não pelo sionismo político moderno que dele foi consequência. A criação do Estado de Israel incitou os judeus de toda parte a sentimentos de solidariedade, contribuindo para reconstituir um particularismo que foi aniquilado e que, aliás, na maioria das vezes, não tem qualquer base cultural, social, ou até mesmo religiosa. Não acredito que haja motivo para se alegrar com isso.[75]

Na e pela história, sempre...

Mas, para Jean-Claude Milner, Benny Lévy, Alain Finkielkraut e Bernard-Henri Lévy, sem dúvida, Deustcher e Rodinson seriam simplesmente "judeus inautênticos" ou "judeus de negação", apenas judeus, diria Durkheim, "pela hostilidade que os rodeia". Retomando de maneira crítica as teses de Abraham Léon, Roman Rosdolsky escreveu:

Sem dúvida, a identificação da judeidade com o capitalismo encontrada no texto de 1844 [de Marx] já era equivocada na época, não só porque houve um momento em que o capitalismo tinha ultrapassado em seu crescimento suas formas antediluvianas de capital comercial e usurário, mas também porque, por outro lado, os próprios judeus, em razão do processo capitalista de diferenciação das classes, perderam continuamente seu caráter de povo mercantil por excelência e, de povo-classe, transformaram-se em nacionalidade moderna.

No entanto, uma nacionalidade singular: nem a língua nem o território e tampouco a fé os unem.

"Comunidade negativa", resumiu Deutscher.

Qual seria a alternativa à concepção materialista da questão judaica, que não seja a recaída na ontologia do "ser judaico" bíblico, indestrutível, irremissível? Diante da elevação das marés neomísticas, qual seria a solução diferente da emancipação universal, que não seja o fechamento no egoísmo identitário e a precipitação no poder estatal? A partir do momento em que a velha questão relançada pelo genocídio cristaliza-se em torno de um Estado étnico e colonial, somente poderá ser resolvida por meio de um novo impulso da emancipação humana.

---

[74] Isaac Deutscher, *Essai sur le problème juif* (Paris, Payot, 1969).
[75] Maxime Rodinson, "Prefácio", em Abraham Léon, *La conception matérialiste de la question juive*, cit.

Posfácio

Desassimilação e narcisismo comunitário

Durkheim ainda podia pensar que, se o caso Dreyfus não tivesse relançado o ódio antissemita, a assimilação teria sido completada "em duas gerações". Simmel, por sua vez, não entendia a assimilação como uma injunção para se dissolver na cultura dominante, mas como um apelo a um "abraço cultural". Não só as tragédias do século XX teriam exacerbado a questão judaica em vez de apaziguá-la, como teriam também invertido o curso da assimilação esperada pelos judeus do Iluminismo, de Spinoza e Mendelssohn a seus descendentes distantes, os Lévi-Strauss, os Boas, os Popper ou os Kuhn. No sinistro clarão do judeucídio, "a assimilação fracassou", constatou lapidarmente Lévinas.

Ainda que discordando do sionismo de Estado, Hannah Arendt era também reservada sobre o futuro. Inspirando-se em Bernard Lazare, ela imaginava um povo judaico vivo "em comunidade com outros povos". Que interpretação dar a essa fórmula algébrica? Trata-se da "autonomia cultural" sugerida por Otto Bauer, concretizada por direitos linguísticos e escolares específicos? Trata-se de uma coabitação multicultural de comunidades nacionais, institucionalizada num mesmo espaço público? Continua portanto a questão de definir os valores comuns que tornam essa coexistência possível, e de determinar o que fundamenta uma legitimidade comum, irredutível a uma simples transação de interesses concorrentes ou a uma generalização liberal de contratos privados.

Para Horace Kallen ou Michael Walzer, os Estados Unidos ("a via americana") fornecem a resposta definitiva. Eles não constituem um Estado-nação, mas uma "nação de nações" ou uma "democracia de nacionalidades" propícia ao desabrochar de "identidades com traço de união". Isso nada impede que os componentes dessa união permaneçam em um ou outro lado do traço em situações muito assimétricas e desiguais, que a luta pelos direitos cívicos não acabe, que os guetos subsistam e prosperem. Desde 1928, o artigo de Salo Baron sobre "O gueto e a emancipação" tentou reabilitar os charmes do gueto, ressaltando sua função contraditória de exclusão e de proteção.

De duas décadas para cá, tende-se cada vez mais a definir uma pessoa por suas "origens". Pierre Birnbaum tira disso uma conclusão definitiva: "Uma longa história provavelmente termina, a do encontro entre os judeus e os iluministas, concebido simplesmente de maneira universalista e ancorado numa visão difícil da assimilação regeneradora"[76]. Consequentemente, chegaria o momento de "reinventar uma presença judaica no Ocidente", de "reconsiderar o lugar dos judeus entre iluministas e anti-iluministas", de "descolonizar a história judaica" a fim de desenvolver "um projeto de contra-história radical". Vasto programa de contrarreforma, no diapasão da reação liberal ambiente. A *Géographie de l'espoir* tem como subtítulo *L'éxil, les Lumières, la désassimilation* [O exílio, o Iluminismo, a desassimilação] mantendo-se o último termo

---

[76] Pierre Birnbaum, *Géographie de l'espoir*, cit., p. 36.

em equilíbrio instável entre a simples constatação de uma situação de fato e a retórica performativa. Sua realização implicaria restabelecer a ligação entre profano e sagrado, entre história secular e história bíblica, como se dedicam os *Jewish Studies* florescentes das universidades americanas.

Os grandes autores da história judaica, de Heinrich Graetz a Yosef Yerushalmi, passando por Simon Doubnov e Salo Baron, efetivamente escovaram a assimilação a contrapelo. Em nome do *Teshuva* (movimento do retorno e do arrependimento), eles misturam história sagrada e profana; a grande obra de Baron – *Histoire sociale et religieuse des juifs* [História social e religiosa dos judeus] – revela bem essa mistura. Essa reconstrução histórico-mística confirma a concepção etnorreligiosa de uma comunidade nacional orgânica e contribui para o trabalho de "desassimilação". Antes mesmo do judeucídio nazista, Simon Doubnov já não denunciava a assimilação como uma "escravidão interna", ainda pior do que a escravidão "externa"? Consequentemente, exortou o "judeu ocidental" a "abandonar a rota da assimilação" e lançou, aos judeus do Leste, um vibrante apelo à desassimilação.

Nem Marx, nem Durkheim, nem Freud pretendiam se opor a esse novo *Teshuva* uma política de assimilação forçada. Eles imaginavam, sobretudo, uma diminuição tranquila da necessidade de crer. No clarão crepuscular do sombrio século XX, cabe se perguntar sobre esse otimismo histórico. A desassimilação entendida como uma palavra de ordem levanta um problema de amplitude inteiramente diferente. A que novas filiações ela leva? Ao retorno ao rebanho da comunidade religiosa? A uma comunidade étnica estatizada e territorializada? A uma filiação por procuração ao mito de uma terra original? Se descartarmos essas respostas, só nos resta uma identidade memorial e cultural, uma judeidade privatizada.

A suposta dissociação entre Estado e nacionalidade, nacionalidade e cidadania da "via americana" faz com que ser alemão ou judeu, "ou o que quer que seja se torne mais ou menos uma questão que tem apenas um significado social ou cultural, mas não significa nada politicamente"[77]. Em outras palavras, a solução consistiria em privatizar a identidade política, após ter privatizado a identidade religiosa. A mistura das populações pela globalização mercantil, o enfraquecimento dos Estados-nação, a redistribuição dos espaços e dos territórios, na verdade, tendem a multiplicar as situações de dupla nacionalidade ou de nacionalidades plurais. Os "abraços culturais" se cruzam e se combinam. Mas salvo reivindicar uma exceção judaica em nome do privilégio de povo eleito, essa lógica implicaria também uma desconfessionalização e uma desetnização do Estado de Israel, em outras palavras, sua dessionização. Resta saber que mediações sociais e que solidariedades de classe podem permitir que a universalização concreta acabe vencendo os pânicos identitários e as identidades autárquicas.

---

[77] Hannah Arendt, Carta a Jaspers, em *Correspondance* (Paris, Payot, 1996).

Posfácio

Os novos teólogos

"Nós não transformamos as questões profanas em questões teológicas. Transformamos as questões teológicas em questões profanas", escreveu Marx em seu artigo de 1844. Alguns filósofos contemporâneos parecem dedicar-se à tarefa oposta. Fazendo o caminho inverso não só de Marx, mas também de Spinoza, eles teologizam com obstinação. Enquanto o polidor de lentes arriscou sua vida para emancipar a filosofia da religião, esses novos teólogos não arriscam mais muita coisa, colocando a teologia a serviço de uma nação etnicizada. Desde 1903, Bernard Lazare presumira "o perigo da reconstituição da nacionalidade: a revivescência do eclesiástico". Nós o compreendemos. E a volta intransigente dos fundamentalistas religiosos em uma sociedade israelense atormentada pelo mal identitário não tem nada de muito surpreendente.

A transformação do judeucídio de acontecimento histórico e político em acontecimento teológico é a própria condição desse retrocesso[78]. Ela confirma o destino vitimado do povo judeu e, consequentemente, legitima a exceção étnica de um "Estado judaico". Foi preciso, para isso, um trabalho de elaboração memorial visando inserir, no final dos anos 1970, o desastre do genocídio no campo conceitual do consenso antitotalitário. É o que salientam, a partir de pontos de vista diferentes, Jacques Rancière, Alain Badiou e Enzo Traverso[79]. Tendo sido as determinações sociais, históricas, culturais do genocídio declaradas "indizíveis" ou "impensáveis", impôs-se uma visão mística, "a visão do holocausto como acontecimento divisor de águas na história do mundo". Esse "corte retrospectivo marcou o luto de um outro corte da história do mundo, o que se denominava revolução e cujos últimos avatares ruíram com a queda do império soviético [...] A querela sobre o holocausto é também um luto do pensamento revolucionário"[80].

Em *Le Passé, modes d'emploi*, Enzo Traverso reconstitui, a partir da análise de Peter Novick dessa evolução na sociedade americana, o processo da transmutação de sentido, pela qual "a memória da Shoah" doravante serve "de religião civil do mundo ocidental". A partir da guerra de 1967, o termo holocausto, até então pouco difundido, entrou no uso corrente. O repúdio à luta de classes e aos movimentos de libertação colonial permitiu, em seguida, um deslocamento retórico das antigas oposições em benefício do antagonismo entre totalitarismo e democracia. A difusão, em 1978, da série televisionada

---

[78] Arno Mayer lembra que a interpretação teológica dos infortúnios históricos é recorrente. Durante os massacres cometidos pelos cruzados no século XI, alguns judeus de Worms e de Mainz "preferiram se deixar matar para santificar o nome": "Ao sacralizar os tormentos dos judeus de Mainz e ao ressituá-los na continuidade da história de Israel", eles são dissociados do contexto histórico e de seus múltiplos fatores sociais.

[79] Jacques Rancière, *La haine de la démocratie* (Paris, La Fabrique, 2005); Enzo Traverso, *Le Passé, modes d'emploi* (Paris, La Fabrique, 2005); Alain Badiou, *Circonstances 3. Portée du mot "juif"* (Paris, Lignes/Léo Scheer, 2005).

[80] Jacques Rancière, *Chroniques des temps consensuels* (Paris, Seuil, 2005), p. 100.

Sobre a questão judaica

Holocauste estava inserida nesse movimento, anunciando a contraofensiva liberal dos anos 1980. Nos Estados Unidos, os *Holocaust Studies* tornaram-se então uma legítima disciplina universitária.

"O Holocausto fundamenta assim uma espécie de teodiceia secular, que consiste em relembrar o mal absoluto"[81], conclui Traverso. Torna-se um evento teológico universal inigualável. Alain Finkielkraut apressa-se em proclamar que nem o tráfico negreiro nem qualquer outro genocídio poderiam ser comparados à catástrofe judaica. Susan Sontag denuncia, com toda razão, esse "uso seletivo da memória", que clareia intensamente um lado da história para melhor lançar outros na sombra. O corolário da unicidade absoluta da catástrofe judaica é a justificativa teológica da existência secular de Israel e a absolvição desses malefícios em nome da exceção judaica. Alain Badiou se pergunta se a palavra "judeu" não acaba, assim, constituindo um "significante excepcional" a ponto de se tornar sagrado. O indizível e o impensável, muitas vezes invocados a propósito do judeucídio, confirmariam assim o mistério teológico do acontecimento. E a exterminação dos judeus da Europa, rebatizada Shoah, tornar-se-ia a realização negativa da eleição original[82]. Contra o judeu universal encarnado por Spinoza, Marx ou Freud, "a identidade judaica" triunfaria então na "sacralização histórica de seu nome".

Emanuel Lévinas define o judaísmo como "uma aderência original anterior a qualquer alívio" e como uma "identidade radical e indecifrável". Ele concebe o judeucídio como "um acontecimento da História santa", e descobre por trás "da cronologia dos fatos e de seu encadeamento lógico [...] uma intenção de eternidade"[83]. É profundamente convicto de que a enormidade apocalíptica do século desfaz irremediavelmente o vínculo entre Razão e História. Longe de uma crítica racional da razão histórica, ele chama os judeus a "julgarem a História" e a se assumirem como "membros do povo eterno". Sob a sua tutela, Benny Lévy, Jean-Claude Milner, Alain Finkielkraut, Bernard-Henri Lévy voltam a uma concepção teológica da questão judaica[84]. Após a experiência do desastre, parece-lhes urgente fugir dos perigos da história para buscar refúgio na eternidade do Livro, "pois a comunidade judaica tem a eternidade em sua própria natureza": "O judeu já chegou". E "nada lhe chega de fora"[85].

Autarcia perfeita, então.

Que pode tornar-se narcisismo identitário.

E transformar-se em autismo diante da infelicidade dos outros.

---

[81] Enzo Traverso, *Le Passé, modes d'emploi*, cit., p. 81.

[82] Ver o texto de Cécile Winter anexado ao livro de Badiou, *Circonstances 3*, cit.

[83] Emmanuel Lévinas, *Difficile liberté* (Paris, LGF, 1984, Coleção Le Livre de Poche, Biblio Essais).

[84] Vimos como a volta dessa chama identitária de judaísmo "völkisch" transformou alguns intelectuais judeus americanos de renome em ideólogos do neoconservadorismo.

[85] Emmanuel Lévinas, *Difficile liberté*, cit.

Posfácio

Para Isaiah Berlin, os dois mil anos de história judaica devem ser vistos como "uma longa espera de retorno" e o renascimento nacional no Estado judaico, como o despertar de uma "identidade adormecida". Para Yosef Yeruschalmi, a injunção da lembrança perpetua através das épocas as recomendações de Jeremias aos exilados da Babilônia. O mistério judaico deveria então continuar inteiro para que o judeu possa se conceber, como para Hess, "indestrutível", fora de alcance das peripécias da história. Sem contar que o povo fantasma, sem Estado nem território, do qual outrora falava Heine, é doravante estatizado e territorializado. O judeu do *shabat* e o judeu profano que Marx distinguia são assim reunidos, costurados juntos no judeu teológico ressuscitado como judeu israelense. A "nacionalidade quimérica" tornou-se nacionalidade efetiva, armada e de botas. De tal maneira que, para Alain Finkielkraut, a inextricável contradição entre um universalismo republicano anticomunitário intransigente em relação aos outros e a reivindicação de uma exceção comunitária judaica e de um Estado étnico baseado no direito de sangue para Israel pode ser entrelaçada. Ao apelo do absoluto divino faz eco o da razão do Estado: "No entanto, era horrível ser o único povo a se definir por uma doutrina de justiça e o único a não poder aplicá-la"[86], insurge-se Bernard-Henri Lévy.

Criticando a ideia de Estado binacional defendida essencialmente por Edward Said, Alain Finkielkraut lamenta que "o tema da nação étnica" não tenha mais lugar na Europa, "aparentemente por bons motivos":

> A ideia de que os povos têm uma história, que sua história pode ser transmitida, de uma certa maneira, por filiação, e que essa história particularmente merece existir desaparece completamente. O que faz que os judeus pareçam cada vez mais, com Israel, como uma exceção e uma regressão tribal num mundo que superou esses preconceitos e que celebra continuamente a mistura.[87]

A pureza da filiação contra a mistura e a transmissão genealógica? Enfim, é esta a questão. Peregrinação às fontes, portanto, da qual Benny Lévy resume a injunção: "Nada de visão política do mundo! Nada de história! Está tudo aí desde o início. Basta somente o Retorno"[88].

---

[86] Bernard-Henri Lévy, *Récidives* (Paris, Grasset, 2004).

[87] Na Rádio J, 30/11/2003. Quando se solta (sob o pretexto de que, ao atuar na Rádio J, encontra-se "entre si"), Alain Finkielkraut chega até a acusar categoricamente "o antissemitismo judaico" contemporâneo de querer, como digno herdeiro de Marx, "liquidar" os judeus, "fazê-los desaparecer, matá-los". A acusação, infelizmente, banaliza-se. Atinge-se o ignóbil quando Frédéric Nef alerta seus "amigos israelenses" anunciando-lhes solenemente: "Badiou quer vossa morte ao desejar o fim do Estado judaico" (Frédéric Nef, "Le nom des juifs selon Badiou", *Le Monde*, 23/12/2005). Nef diria que, quando Bauer reivindicava o fim do Estado cristão, queria a morte dos cristãos? O questionamento do Estado judeu enquanto Estado étnico e teocrático, baseado no direito de sangue, de maneira alguma implica negar a questão nacional israelense em um Oriente Médio laico e democrático.

[88] Benny Lévy, *Être Juif* (Lagrasse, Verdier, 2003). O "ódio da democracia", como demonstrado por Jacques Rancière, é o reverso lógico dessa figura do judeu fora do tempo e da

Sobre a questão judaica

A política "nos" decepcionou?
A história não "nos" satisfaz?
Saiamos, então, do jogo. Vamos nos prevalecer da eternidade.
Vamos nos investir da identidade ultrajada.
Revanche infantil dos novos teólogos![89]

Após um "século dos extremos", pródigo em catástrofes e retomadas, decididamente não acabamos com "a maneira limitada de ver a questão judaica". E o apelo de Marx para transformar as questões teológicas em questões profanas ainda continua igualmente atual.

Isso vai demorar, teria dito o profeta Jeremias.
Sem dúvida, será preciso uma paciência... bíblica.

Daniel Bensaïd

---

história, que se tornou indestrutível pela eleição original, autêntico e irremissível, diria Milner. Rancière analisa muito bem como e por que esse último põe "em oposição radical" judeu e democracia, humanidade fiel à filiação e humanidade esquecida de suas origens, governo pastoral reabilitado e "povo com a nuca rígida".

[89] Simone Weil afirmou em *Lettre à un religieux* (Paris, Gallimard, 1951) que "os hebreus não têm como ídolo o metal ou a madeira", mas "uma raça, uma nação" e que "sua religião é, em sua essência, inseparável dessa idolatria devido à noção de povo eleito". Em Israel, essa idolatria manifesta-se por uma volta com determinação da teologia política.

CRONOLOGIA RESUMIDA

	Karl Marx	**Friedrich Engels**	**Fatos históricos**
1818	Em Trier (capital da província alemã do Reno), nasce Karl Marx (5 de maio), o segundo de oito filhos de Heinrich Marx e de Enriqueta Pressburg. Trier na época era influenciada pelo liberalismo revolucionário francês e pela reação ao Antigo Regime, vinda da Prússia.		Simón Bolívar declara a Venezuela independente da Espanha.
1820		Nasce Friedrich Engels (28 de novembro), primeiro dos nove filhos de Friedrich Engels e Elizabeth Franziska Mauritia van Haar, em Barmen, Alemanha. Cresce no seio de uma família de industriais religiosa e conservadora.	George IV se torna rei da Inglaterra, pondo fim à Regência. Insurreição constitucionalista em Portugal.
1824	O pai de Marx, nascido Hirschel, advogado e conselheiro de Justiça, é obrigado a abandonar o judaísmo por motivos profissionais e políticos (os judeus estavam proibidos de ocupar cargos públicos na Renânia). Marx entra para o Ginásio de Trier (outubro).		Simón Bolívar se torna chefe do Executivo do Peru.
1830	Inicia seus estudos no Liceu Friedrich Wilhelm, em Trier.		Estouram revoluções em diversos países europeus. A população de Paris insurge-se contra a promulgação de leis que dissolvem a Câmara e suprimem a liberdade de imprensa. Luís Filipe assume o poder.
1831			Morre Hegel.

Cronologia resumida

	Karl Marx	**Friedrich Engels**	**Fatos históricos**
1834		Engels ingressa, em outubro, no Ginásio de Elberfeld.	A escravidão é abolida no Império Britânico. Insurreição operária em Lyon.
1835	Escreve *Reflexões de um jovem perante a escolha de sua profissão*. Presta exame final de bacharelado em Trier (24 de setembro). Inscreve-se na Universidade de Bonn.		Revolução Farroupilha no Brasil. O Congresso alemão faz moção contra o movimento de escritores Jovem Alemanha.
1836	Estuda Direito na Universidade de Bonn. Participa do Clube de Poetas e de associações de estudantes. No verão, fica noivo em segredo de Jenny von Westphalen, vizinha sua em Trier. Em razão da oposição entre as famílias, casar-se-iam apenas sete anos depois. Matricula-se na Universidade de Berlim.	Na juventude, fica impressionado com a miséria em que vivem os trabalhadores das fábricas de sua família. Escreve *Poema*.	Fracassa o golpe de Luís Napoleão em Estrasburgo. Criação da Liga dos Justos.
1837	Transfere-se para a Universidade de Berlim e estuda com mestres como Gans e Savigny. Escreve *Canções selvagens* e *Transformações*. Em carta ao pai, descreve sua relação contraditória com o hegelianismo, doutrina predominante na época.	Por insistência do pai, Engels deixa o ginásio e começa a trabalhar nos negócios da família. Escreve *História de um pirata*.	A rainha Vitória assume o trono na Inglaterra.
1838	Entra para o Clube dos Doutores, encabeçado por Bruno Bauer. Perde o interesse pelo Direito e entrega-se com paixão ao estudo da filosofia, o que lhe compromete a saúde. Morre seu pai.	Estuda comércio em Bremen. Começa a escrever ensaios literários e sociopolíticos, poemas e panfletos filosóficos em periódicos como o *Hamburg Journal* e o *Telegraph für Deutschland*, entre eles o poema "O beduíno" (setembro), sobre o espírito da liberdade.	Richard Cobden funda a Anti-Corn-Law-League, na Inglaterra. Proclamação da Carta do Povo, que originou o cartismo.
1839		Escreve o primeiro trabalho de envergadura, *Briefe aus dem Wupperthal* [Cartas de Wuppertal], sobre a vida operária em Barmen e na vizinha Elberfeld (*Telegraph für Deutschland*, primavera). Outros viriam, como *Literatura popular alemã*, *Karl Beck* e *Memorabilia de Immermann*. Estuda a filosofia de Hegel.	Feuerbach publica *Zur Kritik der Hegelschen Philosophie* [Crítica da filosofia hegeliana]. Primeira proibição do trabalho de menores na Prússia. Auguste Blanqui lidera o frustrado levante de maio, na França.

Sobre a questão judaica

	Karl Marx	**Friedrich Engels**	**Fatos históricos**
1840	K. F. Koeppen dedica a Marx seu estudo *Friedrich der Große und seine Widersacher* [Frederico, o Grande, e seus adversários].	Engels publica *Réquiem para o Aldeszeitung alemão* (abril), *Vida literária moderna*, no *Mitternachtzeitung* (março-maio) e *Cidade natal de Siegfried* (dezembro).	Proudhon publica *O que é a propriedade?* [Qu'est-ce que la propriété?].
1841	Com uma tese sobre as diferenças entre as filosofias de Demócrito e Epicuro, Marx recebe em Iena o título de doutor em Filosofia (15 de abril). Volta a Trier. Bruno Bauer, acusado de ateísmo, é expulso da cátedra de Teologia da Universidade de Bonn, com isso Marx perde a oportunidade de atuar como docente nessa universidade.	Publica *Ernst Moritz Arndt*. Seu pai o obriga a deixar a escola de comércio para dirigir os negócios da família. Engels prosseguiria sozinho seus estudos de filosofia, religião, literatura e política. Presta o serviço militar em Berlim por um ano. Frequenta a Universidade de Berlim como ouvinte e conhece os jovens-hegelianos. Critica intensamente o conservadorismo na figura de Schelling, com os escritos *Schelling em Hegel*, *Schelling e a revelação* e *Schelling, filósofo em Cristo*.	Feuerbach traz a público *A essência do cristianismo* [*Das Wesen des Christentums*]. Primeira lei trabalhista na França.
1842	Elabora seus primeiros trabalhos como publicista. Começa a colaborar com o jornal *Rheinische Zeitung* [Gazeta Renana], publicação da burguesia em Colônia, do qual mais tarde seria redator. Conhece Engels, que na ocasião visitava o jornal.	Em Manchester assume a fiação do pai, a Ermen & Engels. Conhece Mary Burns, jovem trabalhadora irlandesa, que viveria com ele até a morte. Mary e a irmã Lizzie mostram a Engels as dificuldades da vida operária, e ele inicia estudos sobre os efeitos do capitalismo no operariado inglês. Publica artigos no *Rheinische Zeitung*, entre eles "Crítica às leis de imprensa prussianas" e "Centralização e liberdade".	Eugène Sue publica *Os mistérios de Paris*. Feuerbach publica *Vorläufige Thesen zur Reform der Philosophie* [Teses provisórias para uma reforma da filosofia]. O Ashley's Act proíbe o trabalho de menores e mulheres em minas na Inglaterra.
1843	Sob o regime prussiano, é fechado o *Rheinische Zeitung*. Marx casa-se com Jenny von Westphalen. Recusa convite do governo prussiano para ser redator no diário oficial. Passa a lua de mel em Kreuznach, onde se dedica ao estudo de diversos autores, com destaque para Hegel. Redige os manuscritos que viriam a ser conhecidos como *Crítica da filosofia do direito de Hegel* [*Zur Kritik der Hegelschen Rechtsphilosophie*]. Em outubro vai a Paris, onde Moses Heß e George Herwegh o apresentam às sociedades secretas socialistas e comunistas e às associações operárias alemãs.	Engels escreve, com Edgar Bauer, o poema satírico "Como a Bíblia escapa milagrosamente a um atentado impudente ou O triunfo da fé", contra o obscurantismo religioso. O jornal *Schweuzerisher Republicaner* publica suas "Cartas de Londres". Em Bradford, conhece o poeta G. Weerth. Começa a escrever para a imprensa cartista. Mantém contato com a Liga dos Justos. Ao longo desse período, suas cartas à irmã favorita, Marie, revelam seu amor pela natureza e por música, livros, pintura, viagens, esporte, vinho, cerveja e tabaco.	Feuerbach publica *Grundsätze der Philosophie der Zukunft* [Princípios da filosofia do futuro].

Cronologia resumida

	Karl Marx	**Friedrich Engels**	**Fatos históricos**
	Conclui *A questão judaica* [*Zur Judenfrage*]. Substitui Arnold Ruge na direção dos *Deutsch--Französische Jahrbücher* [Anais Franco-Alemães]. Em dezembro inicia grande amizade com Heinrich Heine e conclui sua "Crítica da filosofia do direito de Hegel – Introdução [*Zur Kritik der Hegelschen Rechtsphilosophie – Einleitung*].		
1844	Em colaboração com Arnold Ruge, elabora e publica o primeiro e único volume dos *Deutsch-Französische Jahrbücher*, no qual participa com dois artigos: "A questão judaica" e "Introdução a uma crítica da filosofia do direito de Hegel". Escreve os *Manuscritos econômico--filosóficos* [*Ökonomisch--philosophische Manuskripte*]. Colabora com o *Vorwärts!* [Avante!], órgão de imprensa dos operários alemães na emigração. Conhece a Liga dos Justos, fundada por Weitling. Amigo de Heine, Leroux, Blanc, Proudhon e Bakunin, inicia em Paris estreita amizade com Engels. Nasce Jenny, primeira filha de Marx. Rompe com Ruge e desliga-se dos *Deutsch-Französische Jahrbücher*. O governo decreta a prisão de Marx, Ruge, Heine e Bernays pela colaboração nos *Deutsch-Französische Jahrbücher*. Encontra Engels em Paris e em dez dias planejam seu primeiro trabalho juntos, *A sagrada família* [*Die heilige Familie*]. Marx publica no *Vorwärts!* artigo sobre a greve na Silésia.	Em fevereiro, Engels publica *Esboço para uma crítica da economia política* [*Umrisse zu einer Kritik der Nationalökonomie*], texto que influenciou profundamente Marx. Segue à frente dos negócios do pai, escreve para os *Deutsch--Französische Jahrbüchere* colabora com o jornal *Vorwärts!*. Deixa Manchester. Em Paris torna-se amigo de Marx, com quem desenvolve atividades militantes, o que os leva a criar laços cada vez mais profundos com as organizações de trabalhadores de Paris e Bruxelas. Vai para Barmen.	O Graham's Factory Act regula o horário de trabalho para menores e mulheres na Inglaterra. Fundado o primeiro sindicato operário na Alemanha. Insurreição de operários têxteis na Silésia e na Boêmia.
1845	Por causa do artigo sobre a greve na Silésia, a pedido do governo prussiano Marx é expulso da França, juntamente com Bakunin, Bürgers e Bornstedt. Muda-se para Bruxelas e, em colaboração com Engels, escreve e publica em Frankfurt *A sagrada família*. Ambos começam a escrever *A ideologia alemã* [*Die deutsche Ideologie*] e Marx elabora "As teses sobre Feuerbach" [*Thesen über Feuerbach*]. Em setembro nasce	As observações de Engels sobre a classe trabalhadora de Manchester, feitas anos antes, formam a base de uma de suas obras principais, *A situação da classe trabalhadora na Inglaterra* [*Die Lage der arbeitenden Klasse in England*] (publicada primeiramente em alemão; a edição seria traduzida para o inglês 40 anos mais tarde). Em Barmen organiza debates sobre as ideias comunistas junto com Hesse e Kötten e profere os	Criada a organização internacionalista Democratas Fraternais, em Londres. Richard M. Hoe registra a patente da primeira prensa rotativa moderna.

Sobre a questão judaica

	Karl Marx	**Friedrich Engels**	**Fatos históricos**
1845	Laura, segunda filha de Marx e Jenny. Em dezembro, ele renuncia à nacionalidade prussiana.	*Discursos de Elberfeld*. Em abril sai de Barmen e encontra Marx em Bruxelas. Juntos, estudam economia e fazem uma breve visita a Manchester (julho e agosto), onde percorrem alguns jornais locais, como o *Manchester Guardian* e o *Volunteer Journal for Lancashire and Cheshire*. Lançada *A situação da classe trabalhadora na Inglaterra*, em Leipzig. Começa sua vida em comum com Mary Burns.	
1846	Marx e Engels organizam em Bruxelas o primeiro Comitê de Correspondência da Liga dos Justos, uma rede de correspondentes comunistas em diversos países, a qual Proudhon se nega a integrar. Em carta a Annenkov, Marx critica o recém-publicado *Sistema das contradições econômicas ou Filosofia da miséria* [*Système des contradictions économiques ou Philosophie de la misère*], de Proudhon. Redige com Engels a *Zirkular gegen Kriege* [Circular contra Kriege], alemão emigrado dono de um periódico socialista em Nova York. Por falta de editor, Marx e Engels desistem de publicar *A ideologia alemã* (a obra só seria publicada em 1932, na União Soviética). Em dezembro nasce Edgar, o terceiro filho de Marx.	Seguindo instruções do Comitê de Bruxelas, Engels estabelece estreitos contatos com socialistas e comunistas franceses. No outono, ele se desloca para Paris com a incumbência de estabelecer novos comitês de correspondência. Participa de um encontro de trabalhadores alemães em Paris, propagando ideias comunistas e discorrendo sobre a utopia de Proudhon e o socialismo real de Karl Grün.	Os Estados Unidos declaram guerra ao México. Rebelião polonesa em Cracóvia. Crise alimentar na Europa. Abolidas, na Inglaterra, as "leis dos cereais".
1847	Filia-se à Liga dos Justos, em seguida nomeada Liga dos Comunistas. Realiza-se o primeiro congresso da associação em Londres (junho), ocasião em que se encomenda a Marx e Engels um manifesto dos comunistas. Eles participam do congresso de trabalhadores alemães em Bruxelas e, juntos, fundam a Associação Operária Alemã de Bruxelas. Marx é eleito vice-presidente da Associação Democrática. Conclui e publica a edição francesa de *Miséria da filosofia* [*Misère de la philosophie*] (Bruxelas, julho).	Engels viaja a Londres e participa com Marx do I Congresso da Liga dos Justos. Publica *Princípios do comunismo* [*Grundsätze des Kommunismus*], uma "versão preliminar" do Manifesto Comunista [*Manifest der Kommunistischen Partei*]. Em Bruxelas, junto com Marx, participa da reunião da Associação Democrática, voltando em seguida a Paris para mais uma série de encontros. Depois de atividades em Londres, volta a Bruxelas e escreve, com Marx, o *Manifesto Comunista*.	A Polônia torna-se província russa. Guerra civil na Suíça. Realiza-se em Londres o II Congresso da Liga dos Comunistas (novembro).

Cronologia resumida

	Karl Marx	**Friedrich Engels**	**Fatos históricos**
1848	Marx discursa sobre o livre-cambismo numa das reuniões da Associação Democrática. Com Engels publica, em Londres (fevereiro), o *Manifesto Comunista*. O governo revolucionário francês, por meio de Ferdinand Flocon, convida Marx a morar em Paris depois que o governo belga o expulsa de Bruxelas. Redige com Engels "Reivindicações do Partido Comunista na Alemanha" [*Forderungen der Kommunistischen Partei in Deutschland*] e organiza o regresso dos membros alemães da Liga dos Comunistas à pátria. Com sua família e com Engels, muda-se em fins de maio para Colônia, onde ambos fundam o jornal *Neue Rheinische Zeitung* [Nova Gazeta Renana], cuja primeira edição é publicada em 1º de junho com o subtítulo *Organ der Demokratie*. Marx começa a dirigir a Associação Operária de Colônia e acusa a burguesia alemã de traição. Proclama o terrorismo revolucionário como único meio de amenizar "as dores de parto" da nova sociedade. Conclama ao boicote fiscal e à resistência armada.	Expulso da França por suas atividades políticas, chega a Bruxelas no fim de janeiro. Juntamente com Marx, toma parte na insurreição alemã, de cuja derrota falaria quatro anos depois em *Revolução e contrarrevolução na Alemanha* [*Revolution und Konterevolution in Deutschland*]. Engels exerce o cargo de editor do *Neue Rheinische Zeitung*, recém-criado por ele e Marx. Participa, em setembro, do Comitê de Segurança Pública criado para rechaçar a contrarrevolução, durante grande ato popular promovido pelo *Neue Rheinische Zeitung*. O periódico sofre suspensões, mas prossegue ativo. Procurado pela polícia, tenta se exilar na Bélgica, onde é preso e depois expulso. Muda-se para a Suíça.	Definida, na Inglaterra, a jornada de dez horas para menores e mulheres na indústria têxtil. Criada a Associação Operária, em Berlim. Fim da escravidão na Áustria. Abolição da escravidão nas colônias francesas. Barricadas em Paris: eclode a revolução; o rei Luís Filipe abdica e a República é proclamada. A revolução se alastra pela Europa. Em junho, Blanqui lidera novas insurreições operárias em Paris, brutalmente reprimidas pelo general Cavaignac. Decretado estado de sítio em Colônia em reação a protestos populares. O movimento revolucionário reflui.
1849	Marx e Engels são absolvidos em processo por participação nos distúrbios de Colônia (ataques a autoridades publicados no *Neue Rheinische Zeitung*). Ambos defendem a liberdade de imprensa na Alemanha. Marx é convidado a deixar o país, mas ainda publicaria *Trabalho assalariado e capital* [*Lohnarbeit und Kapital*]. O periódico, em difícil situação, é extinto (maio). Marx, em condição financeira precária (vende os próprios móveis para pagar as dívidas), tenta voltar a Paris, mas, impedido de ficar, é obrigado a deixar a cidade em 24 horas. Graças a uma campanha de arrecadação de fundos promovida por Ferdinand Lassalle na Alemanha, Marx se estabelece com a família em Londres, onde	Em janeiro Engels retorna a Colônia. Em maio, toma parte militarmente na resistência à reação. À frente de um batalhão de operários, entra em Elberfeld, motivo pelo qual sofre sanções legais por parte das autoridades prussianas, enquanto Marx é convidado a deixar o país. Publicado o último número do *Neue Rheinische Zeitung*. Marx e Engels vão para o sudoeste da Alemanha, onde Engels envolve-se no levante de Baden-Palatinado, antes de seguir para Londres.	Proudhon publica *Les confessions d'un révolutionnaire*. A Hungria proclama sua independência da Áustria. Após período de refluxo, reorganiza-se no fim do ano, em Londres, o Comitê Central da Liga dos Comunistas, com a participação de Marx e Engels.

Sobre a questão judaica

	Karl Marx	Friedrich Engels	Fatos históricos
	nasce Guido, seu quarto filho (novembro).		
1850	Ainda em dificuldades financeiras, organiza a ajuda aos emigrados alemães. A Liga dos Comunistas reorganiza as sessões locais e é fundada a Sociedade Universal dos Comunistas Revolucionários, cuja liderança logo se fraciona. Edita em Londres a *Neue Rheinische Zeitung* [Nova Gazeta Renana], revista de economia política, bem como *Lutas de classe na França* [*Die Klassenkämpfe in Frankreich*]. Morre o filho Guido.	Publica *A guerra dos camponeses na Alemanha* [*Der deutsche Bauernkrieg*]. Em novembro, retorna a Manchester, onde viverá por vinte anos, e às suas atividades na Ermen & Engels; o êxito nos negócios possibilita ajudas financeiras a Marx.	Abolição do sufrágio universal na França.
1851	Continua em dificuldades, mas, graças ao êxito dos negócios de Engels em Manchester, conta com ajuda financeira. Dedica-se intensamente aos estudos de economia na biblioteca do Museu Britânico. Aceita o convite de trabalho do *New York Daily Tribune*, mas é Engels quem envia os primeiros textos, intitulados "Contrarrevolução na Alemanha", publicados sob a assinatura de Marx. Hermann Becker publica em Colônia o primeiro e único tomo dos *Ensaios escolhidos de Marx*. Nasce Francisca (28 de março), quinta de seus filhos.	Engels, juntamente com Marx, começa a colaborar com o Movimento Cartista [Chartist Movement]. Estuda língua, história e literatura eslava e russa.	Na França, golpe de Estado de Luís Bonaparte. Realização da primeira exposição universal, em Londres.
1852	Envia ao periódico *Die Revolution*, de Nova York, uma série de artigos sobre *O dezoito brumário de Luís Bonaparte* [*Der achtzehnte Brumaire des Louis Bonaparte*]. Sua proposta de dissolução da Liga dos Comunistas é acolhida. A difícil situação financeira é amenizada com o trabalho para o *New York Daily Tribune*. Morre a filha Francisca, nascida um ano antes.	Publica *Revolução e contrarrevolução na Alemanha* [*Revolution und Konterevolution in Deutschland*]. Com Marx, elabora o panfleto *O grande homem do exílio* [*Die groben Männer des Exils*] e uma obra, hoje desaparecida, chamada *Os grandes homens oficiais da Emigração*; nela, atacam os dirigentes burgueses da emigração em Londres e defendem os revolucionários de 1848-1849. Expõem, em cartas e artigos conjuntos, os planos do governo, da polícia e do judiciário prussianos, textos que teriam grande repercussão.	Luís Bonaparte é proclamado imperador da França, com o título de Napoleão Bonaparte III.

Cronologia resumida

	Karl Marx	**Friedrich Engels**	**Fatos históricos**
1853	Marx escreve, tanto para o *New York Daily Tribune* quanto para o *People's Paper*, inúmeros artigos sobre temas da época. Sua precária saúde o impede de voltar aos estudos econômicos interrompidos no ano anterior, o que faria somente em 1857. Retoma a correspondência com Lassalle.	Escreve artigos para o *New York Daily Tribune*. Estuda o persa e a história dos países orientais. Publica, com Marx, artigos sobre a Guerra da Crimeia.	A Prússia proíbe o trabalho para menores de 12 anos.
1854	Continua colaborando com o *New York Daily Tribune*, dessa vez com artigos sobre a revolução espanhola.		
1855	Começa a escrever para o *Neue Oder Zeitung*, de Breslau, e segue como colaborador do *New York Daily Tribune*. Em 16 de janeiro nasce Eleanor, sua sexta filha, e em 6 de abril morre Edgar, o terceiro.	Escreve uma série de artigos para o periódico *Putman*.	Morte de Nicolau I, na Rússia, e ascensão do czar Alexandre II.
1856	Ganha a vida redigindo artigos para jornais. Discursa sobre o progresso técnico e a revolução proletária em uma festa do *People's Paper*. Estuda a história e a civilização dos povos eslavos. A esposa Jenny recebe uma herança da mãe, o que permite que a família mude para um apartamento mais confortável.	Acompanhado da mulher, Mary Burns, Engels visita a terra natal dela, a Irlanda.	Morrem Max Stirner e Heinrich Heine. Guerra franco-inglesa contra a China.
1857	Retoma os estudos sobre economia política, por considerar iminente nova crise econômica europeia. Fica no Museu Britânico das nove da manhã às sete da noite e trabalha madrugada adentro. Só descansa quando adoece e aos domingos, nos passeios com a família em Hampstead. O médico o proíbe de trabalhar à noite. Começa a redigir os manuscritos que viriam a ser conhecidos como *Grundrisse der Kritik der Politischen Ökonomie* [Esboços de uma crítica da economia política], e que servirão de base à obra *Para a crítica da economia política* [*Zur Kritik der Politischen Ökonomie*]. Escreve a célebre *Introdução de 1857*. Continua a colaborar no	Adoece gravemente em maio. Analisa a situação no Oriente Médio, estuda a questão eslava e aprofunda suas reflexões sobre temas militares. Sua contribuição para a *New American Encyclopaedia* [Nova Enciclopédia Americana], versando sobre as guerras, faz de Engels um continuador de Von Clausewitz e um precursor de Lenin e Mao Tsé-tung. Continua trocando cartas com Marx, discorrendo sobre a crise na Europa e nos Estados Unidos.	O divórcio, sem necessidade de aprovação parlamentar, se torna legal na Inglaterra.

Sobre a questão judaica

	Karl Marx	**Friedrich Engels**	**Fatos históricos**
	New York Daily Tribune. Escreve artigos sobre Jean-Baptiste Bernadotte, Simón Bolívar, Gebhard Blücher e outros na *New American Encyclopaedia* [Nova Enciclopédia Americana]. Atravessa um novo período de dificuldades financeiras e tem um novo filho, natimorto.		
1858	O *New York Daily Tribune* deixa de publicar alguns de seus artigos. Marx dedica-se à leitura de *Ciência da lógica* [*Wissenschaft der Logik*] de Hegel. Agravam-se os problemas de saúde e a penúria.	Engels dedica-se ao estudo das ciências naturais.	Morre Robert Owen.
1859	Publica em Berlim *Para a crítica da economia política*. A obra só não fora publicada antes porque não havia dinheiro para postar o original. Marx comentaria: "Seguramente é a primeira vez que alguém escreve sobre o dinheiro com tanta falta dele". O livro, muito esperado, foi um fracasso. Nem seus companheiros mais entusiastas, como Liebknecht e Lassalle, o compreenderam. Escreve mais artigos no *New York Daily Tribune*. Começa a colaborar com o periódico londrino *Das Volk*, contra o grupo de Edgar Bauer. Marx polemiza com Karl Vogt (a quem acusa de ser subsidiado pelo bonapartismo), Blind e Freiligrath.	Faz uma análise, junto com Marx, da teoria revolucionária e suas táticas, publicada em coluna do *Das Volk*. Escreve o artigo "Po und Rhein" [Pó e Reno], em que analisa o bonapartismo e as lutas liberais na Alemanha e na Itália. Enquanto isso, estuda gótico e inglês arcaico. Em dezembro, lê o recém-publicado *A origem das espécies* [*The Origin of Species*], de Darwin.	A França declara guerra à Áustria.
1860	Vogt começa uma série de calúnias contra Marx, e as querelas chegam aos tribunais de Berlim e Londres. Marx escreve *Herr Vogt* [Senhor Vogt].	Engels vai a Barmen para o sepultamento de seu pai (20 de março). Publica a brochura *Savoia, Nice e o Reno* [*Savoyen, Nizza und der Rhein*], polemizando com Lassalle. Continua escrevendo para vários periódicos, entre eles o *Allgemeine Militar Zeitung*. Contribui com artigos sobre o conflito de secessão nos Estados Unidos no *New York Daily Tribune* e no jornal liberal *Die Presse*.	Giuseppe Garibaldi toma Palermo e Nápoles.
1861	Enfermo e depauperado, Marx vai à Holanda, onde o tio Lion Philiph concorda em adiantar-lhe uma quantia, por conta da herança de sua mãe. Volta a Berlim e projeta com Lassalle um novo periódico. Reencontra velhos amigos e visita		Guerra civil norte-americana. Abolição da servidão na Rússia.

Cronologia resumida

	Karl Marx	**Friedrich Engels**	**Fatos históricos**
	a mãe em Trier. Não consegue recuperar a nacionalidade prussiana. Regressa a Londres e participa de uma ação em favor da libertação de Blanqui. Retoma seus trabalhos científicos e a colaboração com o *New York Daily Tribune* e o *Die Presse* de Viena.		
1862	Trabalha o ano inteiro em sua obra científica e encontra-se várias vezes com Lassalle para discutirem seus projetos. Em suas cartas a Engels, desenvolve uma crítica à teoria ricardiana sobre a renda da terra. O *New York Daily Tribune*, justificando-se com a situação econômica interna norte-americana, dispensa os serviços de Marx, o que reduz ainda mais seus rendimentos. Viaja à Holanda e a Trier, e novas solicitações ao tio e à mãe são negadas. De volta a Londres, tenta um cargo de escrevente da ferrovia, mas é reprovado por causa da caligrafia.		Nos Estados Unidos, Lincoln decreta a abolição da escravatura. O escritor Victor Hugo publica *Les misérables* [Os miseráveis].
1863	Marx continua seus estudos no Museu Britânico e se dedica também à matemática. Começa a redação definitiva de *O capital* [*Das Kapital*] e participa de ações pela independência da Polônia. Morre sua mãe (novembro), deixando-lhe algum dinheiro como herança.	Morre, em Manchester, Mary Burns, companheira de Engels (6 de janeiro). Ele permaneceria morando com a cunhada Lizzie. Esboça, mas não conclui, um texto sobre rebeliões camponesas.	
1864	Malgrado a saúde, continua a trabalhar em sua obra científica. É convidado a substituir Lassalle (morto em duelo) na Associação Geral dos Operários Alemães. O cargo, entretanto, é ocupado por Becker. Apresenta o projeto e o estatuto de uma Associação Internacional dos Trabalhadores, durante encontro internacional no Saint Martin's Hall de Londres. Marx elabora o Manifesto de Inauguração da Associação Internacional dos Trabalhadores.	Engels participa da fundação da Associação Internacional dos Trabalhadores, depois conhecida como a Primeira Internacional. Torna-se coproprietário da Ermen & Engels. No segundo semestre, contribui, com Marx, para o *Sozial-Demokrat*, periódico da social-democracia alemã que populariza as ideias da Internacional na Alemanha.	Dühring traz a público seu *Kapital und Arbeit* [Capital e trabalho]. Fundação, na Inglaterra, da Associação Internacional dos Trabalhadores. Reconhecido o direito a férias na França. Morre Wilhelm Wolff, amigo íntimo de Marx, a quem é dedicado *O capital*.

Sobre a questão judaica

	Karl Marx	**Friedrich Engels**	**Fatos históricos**
1865	Conclui a primeira redação de *O capital* e participa do Conselho Central da Internacional (setembro), em Londres. Marx escreve *Salário, preço e lucro* [*Lohn, Preis und Profit*]. Publica no *Sozial-Demokrat* uma biografia de Proudhon, morto recentemente. Conhece o socialista francês Paul Lafargue, seu futuro genro.	Recebe Marx em Manchester. Ambos rompem com Schweitzer, diretor do *Sozial-Demokrat*, por sua orientação lassalliana. Suas conversas sobre o movimento da classe trabalhadora na Alemanha resultam em artigo para a imprensa. Engels publica *A questão militar na Prússia e o Partido Operário Alemão* [*Die preubische Militärfrage und die deutsche Arbeiterpartei*].	Assassinato de Lincoln. Proudhon publica *De la capacité politique des classes ouvrières* [A capacidade política das classes operárias]. Morre Proudhon.
1866	Apesar dos intermináveis problemas financeiros e de saúde, Marx conclui a redação do primeiro livro de *O capital*. Prepara a pauta do primeiro Congresso da Internacional e as teses do Conselho Central. Pronuncia discurso sobre a situação na Polônia.	Escreve a Marx sobre os trabalhadores emigrados da Alemanha e pede a intervenção do Conselho Geral da Internacional.	Na Bélgica, é reconhecido o direito de associação e a férias. Fome na Rússia.
1867	O editor Otto Meissner publica, em Hamburgo, o primeiro volume de *O capital*. Os problemas de Marx o impedem de prosseguir no projeto. Redige instruções para Wilhelm Liebknecht, recém-ingressado na Dieta prussiana como representante social-democrata.	Engels estreita relações com os revolucionários alemães, especialmente Liebknecht e Bebel. Envia carta de congratulações a Marx pela publicação do primeiro volume de *O capital*. Estuda as novas descobertas da química e escreve artigos e matérias sobre *O capital*, com fins de divulgação.	
1868	Piora o estado de saúde de Marx, e Engels continua ajudando-o financeiramente. Marx elabora estudos sobre as formas primitivas de propriedade comunal, em especial sobre o *mir* russo. Corresponde-se com o russo Danielson e lê Dühring. Bakunin se declara discípulo de Marx e funda a Aliança Internacional da Social-Democracia. Casamento da filha Laura com Lafargue.	Engels elabora uma sinopse do primeiro volume de *O capital*.	Em Bruxelas, acontece o Congresso da Associação Internacional dos Trabalhadores (setembro).
1869	Liebknecht e Bebel fundam o Partido Operário Social-Democrata alemão, de linha	Em Manchester, dissolve a empresa Ermen & Engels, que havia assumido após a morte do	Fundação do Partido Social-Democrata alemão. Congresso da

Cronologia resumida

	Karl Marx	**Friedrich Engels**	**Fatos históricos**
	marxista. Marx, fugindo das polícias da Europa continental, passa a viver em Londres, com a família, na mais absoluta miséria. Continua os trabalhos para o segundo livro de *O capital*. Vai a Paris sob nome falso, onde permanece algum tempo na casa de Laura e Lafargue. Mais tarde, acompanhado da filha Jenny, visita Kugelmann em Hannover. Estuda russo e a história da Irlanda. Corresponde-se com De Paepe sobre o proudhonismo e concede uma entrevista ao sindicalista Haman sobre a importância da organização dos trabalhadores.	pai. Com um soldo anual de 350 libras, auxilia Marx e sua família; com ele, mantém intensa correspondência. Começa a contribuir com o *Volksstaat*, o órgão de imprensa do Partido Social-Democrata alemão. Escreve uma pequena biografia de Marx, publicada no *Die Zukunft* (julho). Lançada a primeira edição russa do *Manifesto Comunista*. Em setembro, acompanhado de Lizzie, Marx e Eleanor, visita a Irlanda.	Primeira Internacional na Basileia, Suíça.
1870	Continua interessado na situação russa e em seu movimento revolucionário. Em Genebra instala-se uma seção russa da Internacional, na qual se acentua a oposição entre Bakunin e Marx, que redige e distribui uma circular confidencial sobre as atividades dos bakunistas e sua aliança. Redige o primeiro comunicado da Internacional sobre a guerra franco-prussiana e exerce, a partir do Conselho Central, uma grande atividade em favor da República francesa. Por meio de Serrailler, envia instruções para os membros da Internacional presos em Paris. A filha Jenny colabora com Marx em artigos para *A Marselhesa* sobre a repressão dos irlandeses por policiais britânicos.	Engels escreve *História da Irlanda* [*Die Geschichte Irlands*]. Começa a colaborar com o periódico inglês *Pall Mall Gazette*, discorrendo sobre a guerra franco-prussiana. Deixa Manchester em setembro, acompanhado de Lizzie, e instala-se em Londres para promover a causa comunista. Lá continua escrevendo para o *Pall Mall Gazette*, dessa vez sobre o desenvolvimento das oposições. É eleito por unanimidade para o Conselho Geral da Primeira Internacional. O contato com o mundo do trabalho permitiu a Engels analisar, em profundidade, as formas de desenvolvimento do modo de produção capitalista. Suas conclusões seriam utilizadas por Marx em *O capital*.	Na França são presos membros da Internacional Comunista. Nasce Vladimir Lenin.
1871	Atua na Internacional em prol da Comuna de Paris. Instrui Frankel e Varlin e redige o folheto *Der Bürgerkrieg in Frankreich* [A guerra civil na França]. É violentamente atacado pela imprensa conservadora. Em setembro, durante a Internacional em Londres, é reeleito secretário da seção russa. Revisa o primeiro volume de *O capital* para a segunda edição alemã.	Prossegue suas atividades no Conselho Geral e atua junto à Comuna de Paris, que instaura um governo operário na capital francesa entre 26 de março e 28 de maio. Participa com Marx da Conferência de Londres da Internacional.	A Comuna de Paris, instaurada após revolução vitoriosa do proletariado, é brutalmente reprimida pelo governo francês. Legalização das *trade unions* na Inglaterra.

Sobre a questão judaica

	Karl Marx	Friedrich Engels	Fatos históricos
1872	Acerta a primeira edição francesa de *O capital* e recebe exemplares da primeira edição russa, lançada em 27 de março. Participa dos preparativos do V Congresso da Internacional em Haia, quando se decide a transferência do Conselho Geral da organização para Nova York. Jenny, a filha mais velha, casa-se com o socialista Charles Longuet.	Redige com Marx uma circular confidencial sobre supostos conflitos internos da Internacional, envolvendo bakunistas na Suíça, intitulado *As pretensas cisões na Internacional* [*Die angeblichen Spaltungen in der Internationale*]. Ambos intervêm contra o lassalianismo na social-democracia alemã e escrevem um prefácio para a nova edição alemã do *Manifesto Comunista*. Engels participa do Congresso da Associação Internacional dos Trabalhadores.	Morrem Ludwig Feuerbach e Bruno Bauer. Bakunin é expulso da Internacional no Congresso de Haia.
1873	Impressa a segunda edição de *O capital* em Hamburgo. Marx envia exemplares a Darwin e Spencer. Por ordens de seu médico, é proibido de realizar qualquer tipo de trabalho.	Com Marx, escreve para periódicos italianos uma série de artigos sobre as teorias anarquistas e o movimento das classes trabalhadoras.	Morre Napoleão III. As tropas alemãs se retiram da França.
1874	Negada a Marx a cidadania inglesa, "por não ter sido fiel ao rei". Com a filha Eleanor, viaja a Karlsbad para tratar da saúde numa estação de águas.	Prepara a terceira edição de *A guerra dos camponeses alemães*.	Na França, são nomeados inspetores de fábricas e é proibido o trabalho em minas para mulheres e menores.
1875	Continua seus estudos sobre a Rússia. Redige observações ao Programa de Gotha, da social-democracia alemã.	Por iniciativa de Engels, é publicada *Crítica do Programa de Gotha* [*Kritik des Gothaer Programms*], de Marx.	Morre Moses Heß.
1876	Continua o estudo sobre as formas primitivas de propriedade na Rússia. Volta com Eleanor a Karlsbad para tratamento.	Elabora escritos contra Dühring, discorrendo sobre a teoria marxista, publicados inicialmente no *Vorwärts!* e transformados em livro posteriormente.	Fundado o Partido Socialista do Povo na Rússia. Crise na Primeira Internacional. Morre Bakunin.
1877	Marx participa de campanha na imprensa contra a política de Gladstone em relação à Rússia e trabalha no segundo volume de *O capital*. Acometido novamente de insônias e transtornos nervosos, viaja com a esposa e a filha Eleanor para descansar em Neuenahr e na Floresta Negra.	Conta com a colaboração de Marx na redação final do *Anti-Dühring* [*Herrn Eugen Dühring's Umwälzung der Wissenschaft*]. O amigo colabora com o capítulo 10 da parte 2 ("Da história crítica"), discorrendo sobre a economia política.	A Rússia declara guerra à Turquia.
1878	Paralelamente ao segundo volume de *O capital*, Marx trabalha na investigação sobre a comuna rural russa, complementada com estudos de geologia. Dedica-se	Publica o *Anti-Dühring* e, atendendo a pedido de Wolhelm Bracke feito um ano antes, publica pequena biografia de Marx, intitulada *Karl Marx*. Morre Lizzie.	Otto von Bismarck proíbe o funcionamento do Partido Socialista na Prússia. Primeira

Cronologia resumida

	Karl Marx	**Friedrich Engels**	**Fatos históricos**
	também à *Questão do Oriente* e participa de campanha contra Bismarck e Lothar Bücher.		grande onda de greves operárias na Rússia.
1879	Marx trabalha nos volumes II e III de *O capital*.		
1880	Elabora um projeto de pesquisa a ser executado pelo Partido Operário francês. Torna-se amigo de Hyndman. Ataca o oportunismo do periódico *Sozial-Demokrat* alemão, dirigido por Liebknecht. Escreve as *Randglossen zu Adolph Wagners Lehrbuch der politischen Ökonomie* [Glosas marginais ao tratado de economia política de Adolph Wagner]. Bebel, Bernstein e Singer visitam Marx em Londres.	Engels lança uma edição especial de três capítulos do *Anti-Dühring*, sob o título *Socialismo utópico e científico* [*Die Entwicklung des Socialismus Von der Utopie zur Wissenschaft*]. Marx escreve o prefácio do livro. Engels estabelece relações com Kautsky e conhece Bernstein.	Morre Arnold Ruge.
1881	Prossegue os contatos com os grupos revolucionários russos e mantém correspondência com Zasulitch, Danielson e Nieuwenhuis. Recebe a visita de Kautsky. Jenny, sua esposa, adoece. O casal vai a Argenteuil visitar a filha Jenny e Longuet. Morre Jenny Marx.	Enquanto prossegue em suas atividades políticas, estuda a história da Alemanha e prepara *Labor Standard*, um diário dos sindicatos ingleses. Escreve um obituário pela morte de Jenny Marx (8 de dezembro).	Fundada a Federation of Labour Unions nos Estados Unidos. Assassinato do czar Alexandre II.
1882	Continua as leituras sobre os problemas agrários da Rússia. Acometido de pleurisia, visita a filha Jenny em Argenteuil. Por prescrição médica, viaja pelo Mediterrâneo e pela Suíça. Lê sobre física e matemática.	Redige com Marx um novo prefácio para a edição russa do *Manifesto Comunista*.	Os ingleses bombardeiam Alexandria e ocupam Egito e Sudão.
1883	A filha Jenny morre em Paris (janeiro). Deprimido e muito enfermo, com problemas respiratórios, Marx morre em Londres, em 14 de março. É sepultado no Cemitério de Highgate.	Publica *A dialética da natureza* [*Dialektik der Natur*]. Escreve outro obituário, dessa vez para a filha de Marx, Jenny. No sepultamento de Marx, profere o que ficaria conhecido como *Discurso diante da sepultura de Marx* [*Das Begräbnis von Karl Marx*]. Após a morte do amigo, publica uma edição inglesa do primeiro volume de *O capital*; imediatamente depois, prefacia a terceira edição alemã da obra, e já começa a preparar o segundo volume.	Implantação dos seguros sociais na Alemanha. Fundação de um partido marxista na Rússia e da Sociedade Fabiana, que mais tarde daria origem ao Partido Trabalhista na Inglaterra. Crise econômica na França; forte queda na Bolsa.

Sobre a questão judaica

	Karl Marx	Friedrich Engels	Fatos históricos
1884		Publica *A origem da família, da propriedade privada e do Estado* [*Der Ursprung der Familie, des Privateigentum und des Staates*].	Fundação da Sociedade Fabiana de Londres.
1885		Editado por Engels, é publicado o Livro II de *O capital*.	
1887		Karl Kautsky conclui o artigo "O socialismo jurídico", resposta de Engels a um livro do jurista Anton Menger, e o publica sem assinatura na *Neue Zeit*.	
1889			Funda-se em Paris a II Internacional.
1894		Também editado por Engels, é publicado o Livro III de *O capital*. O mundo acadêmico ignorou a obra por muito tempo, embora os principais grupos políticos logo tenham começado a estudá-la. Engels publica os textos *Contribuição à história do cristianismo primitivo* [*Zur Geschischte des Urchristentums*] e *A questão camponesa na França e na Alemanha* [*Die Bauernfrage in Frankreich und Deutschland*].	O oficial francês de origem judaica Alfred Dreyfus, acusado de traição, é preso. Protestos antissemitas multiplicam-se nas principais cidades francesas.
1895		Redige uma nova introdução para *As lutas de classes na França*. Após longo tratamento médico, Engels morre em Londres (5 de agosto). Suas cinzas são lançadas ao mar em Eastbourne. Dedicou-se até o fim da vida a completar e traduzir a obra de Marx, ofuscando a si próprio e a sua obra em favor do que ele considerava a causa mais importante.	Os sindicatos franceses fundam a Confederação Geral do Trabalho. Os irmãos Lumière fazem a primeira projeção pública do cinematógrafo.

ÍNDICE ONOMÁSTICO

ARISTÓTELES (384-322 a. C.). Filósofo grego, primeiro sistematizador das ciências, autor de *Organon, Metafísica, Ética a Nicômano* e *Política*, entre muitas outras obras fundamentais. p. 66.

BAUER, Bruno (1809-1882). Filósofo, historiador da religião e publicista; jovem hegeliano; criticou a Bíblia e o conceito ortodoxo de Deus a partir do ponto de vista idealista; foi hegeliano de esquerda – e demitido da Universidade de Bonn por seu radicalismo –, depois passou a conservador, defendendo a reação prussiana. p. 33-7, 39, 41, 43-4, 46-7, 49, 54-8.

BEAUMONT, Gustave de (1802-1866). Magistrado e reformador prisional, participou juntamente com Alexis de Tocqueville da viagem aos Estados Unidos requisitada pelo governo francês, em 1931, para um estudo do sistema prisional norte-americano. Como resultado de tal pesquisa, publicaram *Du système pénitentiare aux Etats-Unis, et de son application en France* (Paris, 1833). p. 37-8, 46, 48, 57.

BRANT, Sebastian (1457-1521). Humanista e poeta satírico alemão, autor de *Das Narrenschiff* [A nau dos insensatos]. p. 64.

BOURBON. Antiga dinastia da Europa, à qual pertenceram reis de diversos países, sobretudo da França e da Espanha. A casa de Bourbon governou na França entre 1589 e 1792, nos anos de 1814 e 1815 e entre 1815 e 1830. p. 64

BUCHEZ, Philippe-Joseph-Benjamin (1796-1865). Filósofo e político francês; partidário do carbonarismo e das doutrinas de Saint-Simon, participou da organização de uma aliança entre a ortodoxia católica e as teorias socialistas; defendeu a criação de associações de produção com crédito do Estado. p. 51.

CABET, Éttiene (1788-1856). Escritor e político francês; carbonário, participou da revolução de 1830; fracassou ao tentar fundar uma comunidade socialista nos Estados Unidos; autor de uma novela comunista utópica intitulada *Voyage en Icarie*. p. 71.

DÉZAMY, Théodore (1803-1850). Comunista utópico e revolucionário francês; de início, partidário de Cabet; mais tarde se aproximou de Blanqui e tomou parte na revolução de 1848. p. 71.

Índice onomástico

FEUERBACH, Ludwig (1804-1872). Filósofo alemão; influenciou os pensadores socialistas e existencialistas do século XIX, com sua crítica das religiões e o conceito de alienação; ideólogo das camadas democráticas mais radicais da burguesia alemã, interessadas em liberdades de cunho democrático e cidadão. Segundo Hegel, Feuerbach "evoluiu, ainda que não de um modo inteiramente ortodoxo, de Hegel para o materialismo". p. 72.

FOURIER, Charles (1772-1837). Pensador francês; socialista utópico, autor de um ambicioso e sistemático projeto de reforma social; sua crítica da ordem social vigente é aguda e decidida. p. 71.

FREDERICO GUILHERME III (1770-1840). Rei da Prússia (1797 a 1840), pertencente à dinastia de Hohenzollern. p. 68.

FREDERICO GUILHERME IV (1795-1861). Filho de Frederico Guilherme III e seu sucessor, reinou de 1840 a 1861; sua política conservadora, inspirada no direito divino, provocou a revolução de 1848. p. 64, 68.

GOETHE, Johann Wolfgang von (1749-1832). Escritor alemão; poeta, dramaturgo e figura fundamental da literatura alemã universal. p. 65.

HAMILTON, Thomas (1789-1842). Coronel inglês, autor do livro *Men and manners in America* [Homens e costumes na America do Norte]. p. 38-9, 56.

HEGEL, Georg Wilhelm Friedrich (1770-1831). Filósofo alemão; último dos grandes criadores de sistemas filosóficos dos tempos modernos, lançou as bases das principais tendências posteriores. Hegel foi o maior expoente do "idealismo alemão", uma decorrência da filosofia kantiana – surgida em oposição a ela – que começou com Fichte e Schelling; esses dois pensadores trataram a realidade como se fosse baseada num só princípio, a fim de superar o dualismo existente entre sujeito e objeto – estabelecido por Kant –, segundo o qual apenas era possível conhecer a aparência fenomenológica das coisas, e não sua essência. Para Hegel, o fundamento supremo da realidade não podia ser o "absoluto" de Schelling nem o "eu" de Fichte, e sim a "ideia", que se desenvolve numa linha de estrita necessidade; a dinâmica dessa necessidade não teria sua lógica determinada pelos princípios de identidade e contradição, mas sim pela "dialética", realizada em três fases: tese, antítese e síntese; de maneira que toda e qualquer realidade primeiro "se apresenta", depois nega a si mesma e num terceiro momento supera e elimina essa contradição. Conforme a célebre correção de Marx, todavia, a dialética de Hegel foi concebida de maneira invertida. p. 40-1, 50.

HERWEGH, George (1817-1875). Poeta revolucionário democrata alemão, traduziu Shakespeare e Lamartine em seu país. p. 35.

MONTESQUIEU, Barão de (1689-1755). Charles-Louis de Secondat, pensador e jurista francês; um dos maiores prosadores da língua francesa. p. 67.

MÜNTZER, Thomas (1490-1525). Pregador reformista radical alemão. Tornou-se líder durante as Guerras Camponesas da Reforma Protestante. p. 58.

NAPOLEÃO Bonaparte (1769-1821). Imperador da França de 1804 a 1814; gênio militar e político, figura influente na Europa nos vinte anos que se seguiram à Revolução Francesa. p. 66.

NICOLAU I (1796-1855). Czar da Rússia de 1825 a 1855. Em 1825, sucedendo no trono seu irmão Alexandre I, reprimiu duramente a Revolução de Dezembro, organizada para impedir sua ascensão ao trono. p. 69.

NORD, Martin Du (1790-1847). Magistrado e político francês. p. 36.

PROUDHON, Pierre-Joseph (1809-1865). Filósofo francês e socialista pequenoburguês; suas ideias exerceram grande influência sobre o desenvolvimento do anarquismo e de todos os movimentos federalistas e libertários. Marx acusou Proudhon de converter "as categorias econômicas em categorias eternas" e de retornar, através desse rodeio, "ao ponto de vista da economia burguesa" e polemizou com ele em Miséria da filosofia, uma resposta ao escrito Filosofia da miséria, publicado pelo filósofo francês. p. 71.

ROBESPIERRE, Maximilien de (1758-1794). Político francês; líder jacobino, uma das principais figuras da revolução francesa, estabeleceu um governo ditatorial baseado no terror. p. 51.

ROUSSEAU, Jean-Jacques (1712-1778). Filósofo e escritor francês nascido na Suíça; sua apologia da justiça e dos instintos repercutiram na revolução francesa e na literatura do romantismo. p. 53.

ROUX, Jacques (1752-1794). Revolucionário francês, membro da Comuna jacobina de 1792; seguiu publicando o jornal de Marat intitulado L'ami du peuple. p. 51.

RUGE, Arnold (1802-1880). Publicista radical alemão e hegeliano de esquerda; defensor da unificação alemã sob um regime liberal, adaptou as ideias de Hegel ao liberalismo; fundou – junto com E. T. Echtermeyer, em 1837 – a revista *Anais de Halle* para arte e ciência alemãs e, em 1844, os *Anais Franco-Alemães*, com Karl Marx. Ruge foi membro da Assembleia Nacional de Frankfurt, atuando na extrema esquerda; no exílio em Londres foi um dos dirigentes da ala democrática; na década de 1860 fez as pazes com os nacionalistas de tendência bismarckiana. p. 63-4, 70

STUART. Casa real da Escócia, a partir de 1371, e da Inglaterra, a partir de 1371, com intervalo de 1649 a 1660 em razão da Commonwealth. Durou até 1714, quando a coroa britânica passou à casa de Hanôver. p. 64.

TOCQUEVILLE, Alexis de (1805-1859). Cientista político e historiador francês. Durante as Revoluções de 1830, optou por sair da França, em razão de sua origem aristocrática, e partiu em viagem de estudos para os Estados Unidos da América, em companhia de Gustave de Beaumont, a fim de estudar o sistema prisional norte-americano. Em 1839, foi eleito para a Câmara dos Deputados, e exerceu diversos cargos políticos após a Revolução de 1848. Sua obra mais conhecida é *De La démocratie en Amérique* (1835) [*A democracia na América*]. p. 38.

WEITLING, Wilhelm Christian (1808-1871). Alfaiate de profissão, foi um dos teóricos do comunismo utópico da igualdade. p. 71.

ZÖPFL, Heinrich Mathias (1807-1877). Jurista alemão conservador. p. 66.

COLEÇÃO MARX-ENGELS

O 18 de brumário de Luís Bonaparte
Karl Marx
Tradução de **Nélio Schneider**
Prólogo de **Herbert Marcuse**
Orelha de **Ruy Braga**

Anti-Dühring: a revolução da ciência segundo o senhor Eugen Dühring
Friedrich Engels
Tradução de **Nélio Schneider**
Apresentação de **José Paulo Netto**
Orelha de **Camila Moreno**

O capital: crítica da economia política
Livro I: *O processo de produção do capital*
Karl Marx
Tradução de **Rubens Enderle**
Textos introdutórios de **José Arthur Gianotti, Louis Althusser** e **Jacob Gorender**
Orelha de **Francisco de Oliveira**

O capital: crítica da economia política
Livro II: *O processo de circulação do capital*
Karl Marx
Edição de **Friedrich Engels**
Seleção de textos extras e tradução de **Rubens Enderle**
Prefácio de **Michael Heinrich**
Orelha de **Ricardo Antunes**

O capital: crítica da economia política
Livro III: *O processo global da produção capitalista*
Karl Marx
Edição de **Friedrich Engels**
Tradução de **Rubens Enderle**
Apresentação de **Marcelo Dias Carcanholo** e **Rosa Luxemburgo**
Orelha de **Sara Granemann**

Crítica da filosofia do direito de Hegel
Karl Marx
Tradução de **Rubens Enderle** e **Leonardo de Deus**
Prefácio de **Alysson Leandro Mascaro**

Crítica do Programa de Gotha
Karl Marx
Tradução de **Rubens Enderle**
Prefácio de **Michael Löwy**
Orelha de **Virgínia Fontes**

Os despossuídos: debates sobre a lei referente ao furto de madeira
Karl Marx
Tradução de **Mariana Echalar** e **Nélio Schneider**
Prefácio de **Daniel Bensaïd**
Orelha de **Ricardo Prestes Pazello**

Dialética da natureza
Friedrich Engels
Tradução de **Nélio Schneider**
Apresentação de **Ricardo Musse**
Orelha de **Laura Luedy**

Diferença entre a filosofia da natureza de Demócrito e a de Epicuro
Karl Marx
Tradução de **Nélio Schneider**
Apresentação de **Ana Selva Albinati**
Orelha de **Rodnei Nascimento**

Esboço para uma crítica da economia política
Friedrich Engels
Tradução de **Nélio Schneider**
Organização e apresentação de **José Paulo Netto**
Orelha de **Felipe Cotrim**

Grundrisse: manuscritos econômicos de 1857-1858 – Esboços da crítica da economia política
Karl Marx
Tradução de **Mario Duayer** e **Nélio Schneider**, com **Alice Helga Werner** e **Rudiger Hoffman**
Apresentação de **Mario Duayer**
Orelha de **Jorge Grespan**

A guerra civil dos Estados Unidos
Karl Marx e **Friedrich Engels**
Seleção e organização de **Murillo van der Laan**
Tradução de **Luiz Felipe Osório** e **Murillo van der Laan**
Prefácio de **Marcelo Badaró Mattos**
Orelha de **Cristiane L. Sabino de Souza**

A guerra civil na França
Karl Marx
Tradução de **Rubens Enderle**
Apresentação de **Antonio Rago Filho**
Orelha de **Lincoln Secco**

A ideologia alemã
Karl Marx e Friedrich Engels
Tradução de **Rubens Enderle,
Nélio Schneider e Luciano Martorano**
Apresentação de **Emir Sader**
Orelha de **Leandro Konder**

Lutas de classes na Alemanha
Karl Marx e Friedrich Engels
Tradução de **Nélio Schneider**
Prefácio de **Michael Löwy**
Orelha de **Ivo Tonet**

As lutas de classes na França de 1848 a 1850
Karl Marx
Tradução de **Nélio Schneider**
Prefácio de **Friedrich Engels**
Orelha de **Caio Navarro de Toledo**

Lutas de classes na Rússia
Textos de **Karl Marx e Friedrich Engels**
Organização e introdução de **Michael Löwy**
Tradução de **Nélio Schneider**
Orelha de **Milton Pinheiro**

Manifesto Comunista
Karl Marx e Friedrich Engels
Tradução de **Ivana Jinkings e Álvaro Pina**
Introdução de **Osvaldo Coggiola**
Orelha de **Michael Löwy**

Manuscritos econômico-filosóficos
Karl Marx
Tradução e apresentação de **Jesus Ranieri**
Orelha de **Michael Löwy**

*Miséria da filosofia: resposta à Filosofia
da Miséria, do sr. Proudhon*
Karl Marx
Tradução de **José Paulo Netto**
Orelha de **João Antônio de Paula**

*A origem da família, da propriedade
privada e do Estado*
Friedrich Engels
Tradução de **Nélio Schneider**
Prefácio de **Alysson Leandro Mascaro**
Posfácio de **Marília Moschkovich**
Orelha de **Clara Araújo**

*A sagrada família : ou A crítica da Crítica
crítica contra Bruno Bauer e consortes*
Karl Marx e Friedrich Engels
Tradução de **Marcelo Backes**
Orelha de **Leandro Konder**

A situação da classe trabalhadora na Inglaterra
Friedrich Engels
Tradução de **B. A. Schumann**
Apresentação de **José Paulo Netto**
Orelha de **Ricardo Antunes**

Sobre a questão da moradia
Friedrich Engels
Tradução de **Nélio Schneider**
Orelha de **Guilherme Boulos**

Sobre a questão judaica
Karl Marx
Inclui as cartas de Marx a Ruge
publicadas nos *Anais Franco-Alemães*
Tradução de **Nélio Schneider**
e **Wanda Caldeira Brant**
Apresentação e posfácio de **Daniel Bensaïd**
Orelha de **Arlene Clemesha**

Sobre o suicídio
Karl Marx
Tradução de **Rubens Enderle**
e **Francisco Fontanella**
Prefácio de **Michael Löwy**
Orelha de **Rubens Enderle**

O socialismo jurídico
Friedrich Engels
Tradução de **Livia Cotrim**
e **Márcio Bilharinho Naves**
Prefácio de **Márcio Naves**
Orelha de **Alysson Mascaro**

*Últimos escritos econômicos:
anotações de 1879-1882*
Karl Marx
Tradução de **Hyury Pinheiro**
Apresentação e organização de **Sávio Cavalcante
e Hyury Pinheiro**
Revisão técnica de **Olavo Antunes de Aguiar
Ximenes e Luis Felipe Osório**
Orelha de **Edmilson Costa**

Este livro foi composto em Optima 10/12
e Palatino 10/12, e reimpresso em papel
Pólen Natural 80 g/m² pela gráfica Rettec,
para a Boitempo, em fevereiro de 2025,
com tiragem de mil exemplares.